検証 党組織論

抑圧型から解放型への
組織原理の転換

いいだもも・生田あい・来栖宗孝
小西 誠・木畑壽信・吉留昭弘

社会批評社

まえがき

本書は、『検証　内ゲバ』（社会批評社刊）ＰＡＲＴ１・ＰＡＲＴ２の発刊を契機としながら、これとは独自に「検証　党組織論」として行った共同研究の成果である。

私たちがこの共同研究を行うにいたった動機は、二〇世紀社会運動のさまざまな負の教訓を検証し、その中から現在、危機的状況下にある運動主体の「解体的再生」をはかるためである。

なぜなら、この二〇世紀社会運動に多大な影響を与えた党組織論の検証は、これまでほとんどなされなかったと言ってよいからだ。一九八〇年代に、わずかに加藤哲郎氏や藤井一行氏などによるものが散見されるだけである。

今日、日本の左翼諸政党・党派の凋落・崩壊には著しいものがある。いわゆる「党派離れ」である。しかし、この根本的原因は、まったくと言っていいほど解明されていない。この傾向は、日本ばかりか世界中の議会政党においても同じようなものが見られる。いわゆる「無党派層の増大」という現象だ。

私たちは、このような「党派離れ」「無党派層の増大」の大きな要因のひとつは、既存党組織が「抑圧的な組織原理」を未だに護持しているためだと考えている。つまり、これらの党組織は、社会変革の志をもった今日の青年大衆を参加させ、その自己実現を図るべく二一世紀型の「解放的組織」になり得ていない、ということだ。

この解放型の組織原理を創出するために、私たちは、先人たちの党組織論を厳密に、批判的に検証してきた。すなわち、マルクス、エンゲルス、レーニン、トロツキー、ローザ、スターリン、そしてコミンテルンなどの組織論である。また、これらの組織論が、実際に日本の左翼諸政党・党派にどのように「原理的」に継承されているのかも、批判的に検討してきた。

もちろん、この共同研究は、まだ始められたばかりであるから、ここで叙述されている結論は、とりあえずのものであり、究極的なものではない。

本書の共同研究を出発点にして、活発な党組織論の議論が巻き起こることを期待したい。

本日、戦場下のイラクへ自衛隊派兵部隊の本隊第一陣が出動した。戦後憲法の「平和主義」は根底から覆されつつある。今この時点で、日本の戦後の反戦運動・社会運動は、大胆な「変革と再生」が求められている。

このために、本書の「検証　党組織論」が何らかの形で役立つことになれば、幸いである。

二〇〇四年二月三日

目次

第1章　日本における左翼諸政党・諸党派の組織論

小西　誠

はじめに――すべての党の歴史は党員の抑圧の歴史だ！

党に一度でも結集したことのあるものは、誰でも思い起こすことができる。あの、党に参加したころの情熱、人間解放――社会の根底的変革の闘いへの参加の喜びと自由、精神的高揚。コミュニストとしての意識・自覚のもとでの自立性・主体性発展の可能性。

本来、すべての党は、こうして党に参加してきた青年たちの自己解放性・自立的成長性を徹底的に引きのばし、発展させ、党と革命運動全体の高揚に資するべきであった。

しかし、世界のスターリン主義潮流ばかりでなく、日本の共産党から新左翼諸派まで、これまでのすべての党の歴史は、これらの青年党員たちの自由と自立性・主体性を抑圧し、自己解放性を抑圧した歴史であった。これにはまったく例外はない。すべての党を名乗る組織の根本的な有り様であった。

そして、この党による党員への抑圧性こそは、多くの労働者・民衆に党を「暗い」ものとしてイメージさせるとともに、党への嫌悪感さえも生じさせた。これは今日、党が発展・成長することを妨げているだけでなく、現在の急激な「党の退潮・衰退」の根源的要因とさえなっているのだ。

では、この党による党員への抑圧とはなにか？　これは、党活動なるものに参加したものは、誰でも感ずることができるはずだ。党内で「自由にモノが言えない」、指導という名の官僚的命令、政策・方針の「上からの」押しつけ、垂れ流し、行動の統一・規律の名による自由な行動の束縛、党規律による個性・個人生活の抑圧、異論や失敗に対する、日和見主義・不満分子の名による自己批判の強要（自立性・個性・人格の破壊）――そしてその先には、裏切り者・権力の手先・反革命などの罵倒（暴力を含む）が待ち受けている。

これらは一言で言って、人間解放をめざすコミュニズム運動の本来あるべき自由性・自立性・主体性への抑圧であり、コミュニストの自己決定権、自由な運動そのものへの抑圧だ。

したがって、党に結集してきた青年たちは、党内にいればいるほど、党歴が長くなれば長くなるほど、その本来持っていた諸能力の発展さえも阻害され、押しとどめられる結果になる。青年たちの自由、自己実現、自己解放性など、党内には微塵も存在しない。

結論から言えば、このような「党の抑圧性」は、今日の青年大衆の意識と完全にかけ離れてしまっているということである。つまり、この「党」は、二一世紀現代の社会運動の「解放組織」にまったくなり得ていないということだ。

　だが、この社会の根底的変革をめざすものにとって「党」は必要だ。「労働者階級・民衆の政治的結集体としての党」は、必ず再生せねばならない。「われわれに革命家の組織をあたえよ、しからばわれわれはロシアをくつがえすであろう!」(『なにをなすべきか?』)とレーニンは、その組織論のなかで喝破した。私たちも、このレーニン組織論の厳密な批判的継承のなかで、新たな「党観」を形成せねばならない。そのためには、「抑圧装置としての党」の「解体的再生」が今、必要である。

1　抑圧的組織原理としての民主的中央集権制

民主的中央集権制の本質的欠陥

以上のように、私は「党による党員の抑圧性」を具体的に指摘してきたのであるが、この党の抑圧性は、個々の党の、個々の組織政策上の、実践上の誤りから生じているのではないことは明らかだ。つまり、この党の抑圧性は、もっとも根源的な、これらの党の組織原則・組織原理から導き出されているということである。

これを私は、①民主的中央集権制（民主集中制）の問題、②批判・言論の自由の抑圧（異論・分派の禁止）、③党規律による党員個人の抑圧（自由と個性・自立性の抑圧）、④前衛党論による他党派・潮流の支配・抑圧（複数政党主義の否定・党派闘争論）と大衆運動の支配・抑圧、の四つの視点から以下に叙述したい。

まず、最初に民主的中央集権制（以下、「民主集中制」と叙述）を俎上に挙げよう。

これについては驚くべきことに、スターリン主義を乗り越えると称する、新左翼諸派のすべてが組織原則に民主集中制を定めているということだ。

［註　例外は、第四インター派の国際主義労働者全国協議会の外山節雄氏である。彼は、「レーニン主義組織論――『民主集中制』と我々の課題」（『労働者の力』第一五号）のなかで、この民主集中制の根本からの再検討を提起している。］

この民主集中制について、新左翼諸派は、具体的にどのように規定しているのか。

中核派は、その同盟規約では明記していないが彼らが出版している書籍では、「民主的中央集権主義」を唱えている。革マル派もまた、彼らの出版物で「民主的中央集権主義」を主張している。また、ブントは創立期の一九五九年規約において、「民主集中制の組織原則」（規約前文）と規定している。そして、第四インター派（ＪＲＣＬ）は、「民主主義的集中制」（規約三）、統一共産同盟は、「民主的中央集権制」（規約第八条）、労働党は、「組織原則は民主集中制」（規約第九条）というように規定している。

さて、言うまでもないが、新左翼諸派と同様に日本共産党は、「民主集中制を組織の原則」（第二二回大会改定規約第三条）と党規約にしっかりと掲げている。

ところで、この民主集中制の組織原則とは、どのようなものなのか？　新左翼諸派や日本共産党が定める民主集中制の組織原則の出所は、言うまでもなくコミンテルンである。

［註　藤井一行氏は、『民主集中制と党内民主主義』（青木書店）のなかで、レーニンが初期の「中央集

権主義」から中期の「民主的中央集権主義」に移行したことを叙述しているが、このロシア・ボリシェヴィキとレーニンの組織論の批判的検討については、他の筆者が論じる。」

コミンテルンでは、民主集中制について、以下のようにいう。

「第一二条　共産主義インタナショナルに所属する党は、民主的中央集権制の原則にもとづいて建設されなければならない。現在のような激しい内乱の時期には、党が最も中央集権的に組織され、党内に軍事的規律に近い鉄の規律がおこなわれ、党中央部が広範な全権を持ち、全党員の信頼をえた、権能ある、権威ある機関である場合にだけ、共産党は自分の責務を果たすことができるであろう」（「共産主義インタナショナルへの加入条件」『コミンテルン資料集』）

コミンテルンの「加入条件」がいうように、民主集中制とは、「激しい内乱の時期」の組織原則であり、そのための党内の「鉄の規律」として提起されたものであることは明白である。つまり、ロシア革命とそれ以後の「国際的内乱の時代」（一九二〇年）の組織原則である。これを日本共産党をはじめとした日本の左翼諸派は、現在でも「大事」にそれらの組織原則を護っているのである。

さて、この民主集中制の組織原則の具体的内容をみてみよう。一九二〇年のコミンテルン第二回大会の「プロレタリア革命における共産党の役割についてのテーゼ」（同資料集）は、これを次のようにいう。

「民主的中央集権制の主要な組織原則は、上級細胞が下級細胞によって選挙されること、上級細胞のすべての指令が下級細胞を絶対的に拘束すること、党大会と党大会との中間の時期に、すべての指導的党同志にたいして争う余地のない権威をもつ、権能ある党中央部が存在すること、これである」

また、同資料集に収録された「共産党の組織建設、その活動の方法と内容についてのテーゼ」（一九二一年）は、民主的中央集権制について、「中央集権制とプロレタリア民主主義との現実の総合、融合」であり、中央集権は「形式的、機械的中央集権を意味せず、共産主義活動の集中」を意味する、と述べている。

コミンテルンのいう民主集中制の組織規約は、日本共産党や新左翼諸派にも歴然として引き継がれている。日本共産党は、「組織原則は民主集中制（民主主義的中央集権主義）である。それは、党員の発意を尊重する党内民主主義と党の総意を結集する中央集権制の統一にもとづく組織原則である」（旧規約前文）と民主集中制を規定しており、また「民主集中制は、民主の契機と集中の契機の弁証法的統一」であると提起する。そして、この民主集中制の具体的内容について、以下のようにいう（旧規約第一四条の要約）。

「(1)党の各級指導機関は選挙でつくられる。(2)党の指導機関は選出した党組織にたいして活動を定期的に報告する。(3)党の指導機関は下級組織・党員の意見や創意をくみあげ、経験を研究、集約し、問題をすみやかに処理する。(4)党の下級組織は上級組織にその活動を定期的に報告する。(5)党の決定は無条件に実行する。個人は組織に、少数は多数に、下級は上級に、全国の党組織は党大会と中央委員会にしたがう」(新規約では、以上に引用してきた具体的内容については簡単に規定しているが、「民主集中制の組織原則」のなかに「党内に派閥・分派をつくらない」とつけ加えていることに注意)

「集権制と民主の総合、融合」にしろ、「弁証法的統一」にしろ、「個と全体の統一を性急に先取りしようとする観念論」(橋本剛・村岡到著『前衛党組織論の模索』稲妻社)であるということになるが、またこの日本共産党などの組織原則は、「民主がなくて集中だけがある」などと皮肉られるものである。が、問題はそこにとどまらない。

ここでは、党内の民主主義が「選挙」や「多数決」という形式民主主義、「党員の発意の尊重」「民主的討論」という抽象的内容に切り縮められているだけで、「党内外での批判の自由」も、「異論・分派の自由」もない。つまり、どんなブルジョア政党よりも言論の自由が保障されていない。

だが、より問題なのは、この党内民主主義が「集中」の名の下で徹底した制約を受けていることだ。つまり、「党の決定は無条件に実行する。個人は組織に、少数は多数に、下級は上級に、全国の党組織は党大会と中央委員会にしたがう」ということなのだが、これでは党員の日常の基本的活動や政策決定のすべてが、「権能ある党中央部」(中央委員会—幹部会・政治局)の決定に服すること、その一元的指導に従うことが求められていることになる。

（だいたい、日本共産党などの各級機関の役員や大会代議員の「選挙」は、とても「自由な選挙」とは言えないものであるが、このような選挙で一旦選出された上級機関や中央委員会・幹部会の政策的・実践的「決定」に対して、党員たちが日常的に党内外で批判の自由を行使しえない組織においては、活力ある自由な理論活動や実践活動が生まれるはずがない。なるほど、日本共産党新規約には、「決定に同意できない場合は、自分の意見を保留することができる」〔第五条〕と明記されているのだが、「その場合も、その決定を実行する。党の決定に反する意見を、勝手に発表することはしない」〔同条〕とクギがさされている。）

党中央の保守性・誤謬

これをより核心的に、実践的にみてみよう。日本共産党は、「全党の行動を統一するには、国際的・全国的性質の問題について、中央機関の意見に反して、下級機関とその構成員は、勝手にその意見を発表したり、決議してはならない」（旧規約第二〇条）という。つまり、世界的・全国的政治情勢認識や政治方針については、中央機関の決定が優先する、中央機関の決定に従う（決定後の内部討議だけが許される！）としている。

しかし、あらゆる社会運動・大衆運動の経験では、党中央部の「政治的情勢認識・政治方針」なるものは、多くの誤りを含んでいることは疑いない。これは、党中央部が「無能」であるから、ということだけではない。あらゆる社会運動・大衆運動の政治方針などは、現にそれらを担う党活動家や大衆の意識的部分の方が、もっともよく熟知し、認識している場合が多いのである。そして、経験が示すのは、これらの「現場」での党活動家や大衆の意識的部分の、徹底した大衆討議のなかでこそ、運動のもっとも「正しい、妥当な方針」が練り上げられていく。

これらの問題について、ローザ・ルクセンブルクは、「社会民主主義的指導の役割は、本質的に保守的な性格をもつ」と述べた後、こう言う。

「レーニンが行うように、否定的性格をもつ絶対的権能を党指導に付与するならば、それは、その本質からして必然的に発生する、あらゆる党指導の保守主義を、まったく人為的な仕方で危険なほど強めることになろう。社会民主主義的戦術が、一中央委員会によってではなく、全党によって、より正しくは、全運動によって創造されるのであるとすれば、党の個々の組織には、明らかに行動の自由が必要なのであり、その自由のみが、当面する状況によって提示され、あらゆる手段を闘争の昂揚のために徹底的に駆使し、また、革命的イニシアティーブの展開を可能にするのである」（「ロシア社会民主党の組織問題」『ローザ・ルクセンブルク選集第一巻』現代思潮社）

結論から言えば、民主集中制のはらむ重大な欠陥は、その「集中」という「党中央部への指導の一元化」にある。このような、党中央部の指導の一元化——中央決定への服従（上意下達）による、党員や「下級」機関の自立性・自己決定権（党員主権・自治権）の解体が、党の発展を大きく阻害してきたことは明らかだ。そして、これは党ばかりでなく、あらゆる社会運動・大衆運動の発展さえも制約してきたのだ。

　そして、このような党中央の指導の一元化とそれへの党員大衆の受動的服従の組織原理は、必然的に党組織の官僚主義を生じさせる。ここではもはや、本来的に平等の原理で構成されるべきコミュニストの組織が、ブルジョア社会の組織と同様な階層化が強固に形づくられていく。このような党組織の官僚化は、革命後において「党と国家の癒着・結合」として進行していくときに、スターリン主義型の党と国家の独裁が生じていくことは、すでに明らかになっている。

　では、もしも党「中央機関」というものが必要であるとすれば、それらの機能とはなんであろうか。この「中央機関」（機関紙誌を含む）の存在価値を考えるとするならば、これは全党のすべての経験と情報の集約・蓄積による「党の思想的指導」にあると言えるのではなかろうか？

　そして、われわれはこのように断言できる。「現実に革命的な労働者運動が現実の中でおこなう誤りは、最上の『中央委員会』の完全無欠にくらべて、はかりしれないほど実り豊かで、価値多い、と」（ローザ前掲書）。

批判（言論）の自由の抑圧

これまで述べてきた、すべての党の民主集中制の組織原則と批判の自由・言論の自由の抑圧は、一対の関係にある。これは、後述する党員主権・自治権（分権制）の組織原則と対比すれば、自ずと明らかである。

本来、コミュニズム運動は、青年党員たちの自立性・自己発展性をはぐくみ援助することによって、党と運動の勝利を切り開いていく。この青年党員たちの自立性・自己発展性にとって決定的に大事なのが、党の「内外」での批判の自由、言論の自由だ。

ところが、すべての党の歴史においては、この党内外での批判（言論）の自由が決定的に損なわれており、これが、党の沈滞・停滞を生じさせているだけでなく、党員たちの「無気力化」をも生みだしている。

さて、この批判の自由について、左翼諸派はどのように党規約に定めているのか。

日本共産党は、すでにみてきたように新規約の第二章「党員」のところで、「党の決定に反する意見を、勝手に発表することはしない」（第五条の五）と言い、また、同条で「党の内部問題は、党内で解決する」（同条八）と規定している。

新左翼諸派では、先のブント規約は、「自由な意見交換と非妥協的な討論を基礎」（前文）と規定し、第四インター派のＪＲＣＬは、「大会と中央委員会が採択する政治文書への、同盟員の異なる意見を組織内外において表明することができる」（同三）と規定し、中核派は、「同盟員はいっさいの討論の自由を保障され」（新規約第四条）と、それぞれ定めている。

これらの党の規約を読んで一見して明らかなのは、批判の自由は党組織の内部に限定されていることである。もちろん、第四インター派のように、批判の自由を党内外に表明しているところもあるが、これはまったくの例外である。日本共産党にみられるように、「党内で解決する」というのが、ほとんどの諸派の批判の自由、言論の自由に対する有り様なのである。

しかし、この批判の自由が内部に限定されたとき、どのような事態が起こることになるのか。たとえば、あるひとつの大衆運動をとってみよう。大衆運動の方針について、それに係わる党中央部が、しばしば大きな誤りを引き起こすことは経験的な事実である。この大衆運動への党の方針の誤りは、当然、大衆運動内の無党派活動家や党員の激烈な議論としてなされていく。しかしここにおいて、「党の誤り」の討議が「党内」に限定されたとき、大衆運動内の党員たちは、この問題を大衆運動内で討議するすべをもたないことになる。こうして、実際の現場では、党員たちが「党の誤り」を認めず、かたくなに「党の方針の正しさ」を唱えているか、ひたすら「沈黙」を守っているのに出くわすであろう。

つまり、ここで明らかなのは、あらゆる大衆運動・社会運動において「党の内部問題」は、常に「外部問題」に転化するということであり、党内外で区別するというのはあり得ないということなのだ。したがって、まさに党員が党内外へ自由に意見を表明することが保障されなければならない。

ところで問題は、先に示した諸派の規約がいうように、党員たちは「党内部」での批判の自由・言論の自由を保障されているだろうか？　たとえば、中核派規約は「いっさいの討論の自由を保障」と規定している。ここでは明らかに「批判の自由」は、「討論の自由」にすり替えられている。何が異なるのか？

「討論の自由」とは、党中央部決定方針の「当該組織での討論の自由」である。これさえも保障されているとは言い難いが、ここでの重要問題は、党中央部決定方針の中央機関紙誌を含む「全党での討論の保障」という批判の自由である（確かに中核派の場合、「意見書」を提出するという「慣習」はある。が、これは規約上、保障された制度ではないので、実際のあり方もあやふやなモノである。提出された意見書を全党に配布するなどの「慣習」もない）。

つまり、この「討論の自由の保障」というものでは、あらゆる意味での全党内・全組織内での批判・討論の自由は、阻害されているのである。

ところで、これらの党の、党内外での批判の自由、言論の自由を制限・封殺している口実が「権力の弾圧からの防衛」であり、「権力や敵対党派への組織暴露」になる、というものである。しかし、本来、コミュニズム運動というのは、ブルジョア民主主義以上に言論の自由を保障し、拡大していかなければならないものである。このような、日本共産党から新左翼までの「自民党以下」の言論抑圧が、左翼党派の信頼失墜の最大要因であることは明らかだろう。

ここで、レーニンとエンゲルスの批判（言論）の自由に関する考え方を紹介しておこう。

「われわれは、あらゆる問題を、みずからの特定の見地から審議しながらも、われわれの機関紙の紙上での同志たちのあいだでの論戦を決してしりぞけるものではない。ロシアのすべての社会民主主義者と自覚的な労働者のまえでの公然たる論戦は、現にある意見の相違の深さを明らかにするため、係争問題を全面的に審議するため……不可欠であり、のぞましい。……明らかにくいちがっている諸見解のあいだでの公然たる論戦の欠如、きわめて重大な問題についての意見の相違をおしかくしておこうとする志向を、われわれは現在の運動の欠陥のひとつとさえ考えるものである」（レーニン全集第四巻）

「こいつが公式の機関紙に転載されることによって、敵側の利用はその切っ先を折られて、われわれはこう言えるようになる。見たまえ、われわれがどんなふうに自己批判をやるのかを――われわれはあえてそのことをやる唯一の党である。まあ、われわれのまねをしたまえ！」（マルクス・エンゲルス全集第三八巻）

エンゲルスの批評は、マルクスの『ゴータ綱領批判』の発表を「敵に利用される」という口実で、ドイツ社会民主党がこれを押さえ込もうとしたのに反対して発表されたものである。

どの時代においても「敵に利用される」「権力の弾圧からの防衛」などの口実で、組織内外での公然とした批判、言論の自由を押さえ込もうとする勢力が幅を利かす。だが、このようなブルジョア民主主義以下の非民主性が、現在のすべての党の危機をまねいていることは明白だ。

異論・分派の自由の抑圧

コミュニズム運動において、さまざまな思想潮流や政治潮流が現れることは必然だろう。これはひとつの党内でも同様だ。党内の、個々人の政策や政治方針の意見の違いが、ひとつのグループや分派となって形づくられることも、また必然である。党は、こうした異論者たちを公然と論戦させることによって発展するものである。

ところが、ここでもまたすべての党は、分派禁止の口実で異論・少数派の批判の自由・言論の自由を封じ込め、抑圧してきた（この問題での、レーニン主義とスターリン主義の連続性については別項参照）。

この問題について、日本の左翼諸派はどのように対してきたのか。これをみてみよう。

日本共産党は、その規約で「党内に派閥・分派はつくらない」（新規約第三条）と簡単に規定している。日本共産党の旧規約では、「全力をあげて党の統一をまもり、党の団結をかためる。党に敵対する行為や、派閥をつくり、分派活動をおこなうなどの党を破壊する行為はしてはならない」（第一条）と規定していた。

すなわち、ここで日本共産党は、分派を「党に敵対する」「党を破壊する」ものとして位置づけているわけである。

この分派について、中核派や革マル派は、彼らの出版物においてはそれを認めている。が、たとえば中核派の場合、規約上ではなんらの定めもない。規約上で定めていないということは、実際上において禁止しているのと同じことだ。現実に彼らの機関紙誌では、たえず「一枚岩の党」が叫ばれているわけだから、分派などが存在する余地はない。

しかし、この分派・少数派の問題について、スターリン以来の「粛清」などの事態の検討のなかで、見直す動きも生じてきている。

第四インター派は、「テンデンシー（傾向・潮流）や分派を形成する権利」（規約三、括弧内は筆者註）を明記し、労働者共産党は、「少数派の権利」（規約第一八条）を定めている。だが、この分派を認めている党もいまだ、ごく少数の党である。

しかし、ごく少数とはいえ、この分派を承認する規定が組織原則として現れたことは、遅かりしといえども歓迎すべき出来事である。だがここでも、いまだに分派の権利を保障することは、明確なものとしてはなり得ていない。分派などの意見を異にするものは、その存在を保障されるだけでは足りない。もっと明確な権利の保障が必要である。たとえば、一九〇五年のロシア・ボリシェヴィキ党大会では、次のように定めている。

「大会もしくは中央委員会によって確認されたあらゆる組織は、自己の名において党文献を発行する権利を有する。中央委員会は、充分に資格のある五つの委員会が要求するばあいには、あらゆる組織の出版物を輸送する義務を負う。党のすべての定期刊行物は中央委員会の要求があるときはその声明を掲載する義務を負う」（「ボリシェヴィキ規約第七条」『民主集中制と党内民主主義』藤井一行著、青木書店）

ここで明らかなように、分派・少数派は「党文献を発行する権利」だけではなく、「分派組織の出版物を輸送する義務」「党のすべての機関紙誌に声明を掲載する義務」まで明記されている。つまり、党の発展のためには、党内外の分派を含む異論の自由、批判の自由が活発に行われるべきだという思想が、はっきりと現れている。

だが、先にみてきた分派・少数派の権利を保障する新左翼各派といえども、分派は「やむを得なく存在するもの」として捉えているに過ぎない（労働者共産党の規約は、これを率直に認めている。同規約では「少数派が形成された場合には……その克服に努めなければならない」と規定している）。

ここでの問題は、分派を含む党内外での批判の自由・言論の自由こそが、党の理論・実践を豊かに発展させるという思想の欠如である。実際、コミュニズム運動の発展は、すべての理論や実践が、こうした党内外でのきわめて活発な議論の中でこそ発展をもたらすことは、すべての歴史的経験が証明しているのだ。

［註　新左翼諸派の歴史のなかで、とりわけ、ブント諸潮流にみられるような分派の形成が、即、党の分裂につながっていく傾向は、ここでレーニンがいう分派・少数派の権利を保障するシステムが組織原則としてつくられなかったことに起因するといえる。少数派の権利を保障することは、当然のことであるが、問題は、これを保障するための組織システムが規約上に明確に規定されなければならないということだ。］

もう一箇所、レーニンを引用しよう。

「光を、もっと光を！　われわれには大規模な合奏が必要である。あるものには感傷的なヴァイオリンをあたえ、他のものには荒々しいコントラバスをあたえ、第三のものには指揮棒をわたすというように、この合奏のなかの役割を正しくふりあてるために経験をつむことが必要である。あらゆる意見にたいして党機関紙とすべての党出版物の紙面を喜んで開放せよという筆者のりっぱな呼びかけを実行にうつすがよい」（「イスクラ編集局への手紙」レーニン全集第七巻）

後期には「変質」していくとはいえ、初期のロシア・コミュニズム運動は、こうした分派を含む活発な議論が、その発展の原動力であったのだ。

ここでもうひとつ確かめておくべきことは、コミュニズム運動、党の発展にとって、分派を含む異論、批判の自由こそが、その発展に必要不可欠であり、分派を排除した「一枚岩の党」

は、その停滞・衰退しかもたらさないことである。言い換えれば、コミュニズム運動と党にとっては、党内外での異論・分派などの多様な意見が存在することによって、発展はあるということだ。

が、これについてレーニンは、『なにをなすべきか?』の本文の「扉」のところで、次のような文章を引用している。

「……党派闘争こそが、党に力と生命力をあたえる。党があいまい模糊としており、はっきりした相違点がぼやけていることは、その党の弱さの最大の証拠である。党は、自身を純化することによって強くなる……」(一八五二年六月二四日付、ラサールからマルクスへの手紙から)

党派闘争や党内闘争をとおして「党を純化」し、鍛え上げていく――これは新左翼のすべての党派に共通する組織観である。この『なにをなすべきか?』の組織観が、新左翼諸派に大きな影響力をもっていたことは疑いない。

だが、この組織観に対して仙波輝之氏は、『レーニン一九〇二~一二――前衛党組織論批判』(論創社)で批判を加えている。というのは、このレーニンが引用したラサールとは、マルクスが「プロイセン王国社会主義」と厳しく批判している対象であったからだ。そして、そのラサールの組織観こそ、もっとも徹底した中央集権主義的で、個人独裁的性格のものであったからである。

このような、ラサールの組織観をレーニンが「扉」に引用したということは、仙波氏が指摘するように、レーニン自身がラサールの組織観に賛意を示していたことに他ならない。しかし、すでにみてきたように、「党は、自身を純化する」ことによって強くなるのではない。異論や分派を排除して純化する——一枚岩の党は、その党の弱さの現れである。このレーニン自身の組織観の歪みが、後にスターリンの組織観に継承されていくのである。

2　党員・大衆の抑圧システムと化した党

党規律による党員の抑圧と個性の破壊

民主集中制のもとでの党中央部の党員たちへの統制、また、民主集中制のもとでの党員たちの活発な言論に対する抑圧が、そして異論・分派の禁止が、コミュニストたちの党内での受動的・非主体的行動となって現れることは必然であろう。

このような、党による抑圧の上に、党はさらに「党規律」のもとに党員たちを縛りつけようとする。

これを諸派の規約では、ブントは「革命への献身と自己犠牲の精神」（同前文）と言い、中核派は「革命的献身性と同盟の目的にそった生活態度」（同第一条）と明記し、そして日本共産党は、「市民的道徳と社会的道義をまもり」（新規約第五条）と規定している。

これらは、一言で言って、「党生活」の名による禁欲主義、個人生活の干渉・強制である。だが、実際の党生活の実態は、この規約で表現される程度のモノではない。職業の選択から結婚・離婚・出産などという個人生活、党への献身・カンパの名目で個人の経済生活まで干渉されることが多々あるのだ。

この個人生活の干渉の動機になっているのが、「献身性」「自己犠牲」などの運動への精神主義的動員であり、「権力の弾圧からの防衛」などの口実である。つまり、「全人格を賭けた革命運動」のもとで、極端に言えば党員たちの「全生活」が干渉されるのだ。

このような党生活のもとで、党員たちは人間的自由を奪われ、個性を奪われ、解放されるべき党と運動は、人間の抑圧のシステムに転化していると言っていい。いわば、人間解放を掲げている党が、「人間疎外」を生じさせるというパラドックスがあるのである。

コミュニスト党の「規律」は、党規約などに明記されるべきものではない。コミュニスト党というものは、あくまで「政治的結集体」としての存在であり、党員の個人生活は干渉されるべきものではない。もしも、党に一定の規律が必要とされるなら、それはあくまで個々人の社会性や自発性に委ねるべきことである。

［註　日本共産党の党本部役員に対して、「権力の弾圧」の口実で飲酒禁止令が出ていたことが、最近話

題になっている。この常軌を逸した党規律の暴露は、例のセクハラ問題と重なり、今回の総選挙において日本共産党の歴史的敗退の大きな要素となった。というのは、ただでさえイメージの暗い党が、この暴露で共産党は民衆には「人間的自由さえも抑圧」する「怖い存在」として映っているからである。」

党員支配のために「発明」された自己批判

このような党規律のもとでの党生活・党活動において、もっとも抑圧的なものが「自己批判・相互批判」の強要である。ここでは党生活・党活動は、もはや人間疎外を超えて「人格の破壊」にまで行きついている。

この「自己批判・相互批判」という問題については、党規約に定めている組織はほとんどない。かろうじてみかけるのが、日本共産党旧規約である（前文）。だが、規約には存在していないとはいえ、このような自己批判・相互批判という党活動の手法（いわゆる「査問」を含む）は、すべての左翼諸派にみられる組織の有り様である。ここでは、自己批判と相互批判は、日常的活動として不断になされている。

「自己批判と相互批判」とは、言葉ではとうりがよい。コミュニズム運動は、たえず、実践的・批判的検証をなさねばならないからだ。しかし、ここで行われている「自己批判・相互批判」とは、主として党中央部のそれではなく、党員（指導的党員を含む）たちのそれである。そして、この党員たちの実践的失敗、思想的「偏向」、党規律違反などは、何度も何度も、執拗な自己批判（相互批判）の対象になる。この自己批判の繰り返しでほとんどの党員たちは、しだいしだいに党中央部への受動的服従を「慣習的」に身につけていく。と同時に、自らの個性さえもなくしていく。こうして、コミュニストとしての自立性・主体性は、徹底して打ち砕かれていくのだ。つまり、本来人間解放の運動であるべきコミュニズム運動・党が、人間性を破壊するものとして機能していくのだ。

この「自己批判・相互批判」という組織的手法は、どこからきたのか？　翻訳の正確さはともかく、この表現は、マルクス、エンゲルス、レーニンの著書にもわずかにみられる。しかし、この問題で論文を書き、組織原則にまで高めている人といえば、やはりスターリンである。

スターリンは、「自己批判は水や空気のように必要である」「自己批判はボリシェヴィキ的教育方法である」（『党建設の基本問題』国民文庫）などのいくつかの論文を執筆している。

ここでスターリンは、「自己批判のスローガンを、なにか一時的な、経過的なものと見てはならない。自己批判は、党のカードルおよび一般に労働者階級を革命的発展の精神で教育する、特別の方法、ボリシェヴィキ的方法である」と述べるのである。が、この当時でも、このような自己批判の手法が、「社会主義建設の欠陥の実務的な批判という地盤から、個人生活のゆきすぎにたいする大げさな非難という地盤にうつそうとする傾向」がみられることに、スターリン自身、危惧しているのである。

このような、スターリン主義の組織観にもとづく自己批判・相互批判という組織活動の手法は、今日まで日本の左翼諸派のすべてに、「無自覚的」に受け継がれてきたことは言うまでもないことである。そして、この無自覚さこそは、本来のコミュニズム運動と党を変質させてきた根源のひとつであると言うべきだろう。

だが、この「自己批判・相互批判という組織活動の手法」の意味は、これだけにはとどまらない。これは、党内の異論を排除し、「一枚岩の党」を形づくっていく上で採られた組織活動の基本的原則であった。

この自己批判のスローガンが大きく掲げられたのは、スターリンが言うように、トロツキーら反対派追放後の一九二七年ソ連共産党第一五回大会からである。ここでは「全党員に、全労働者に訴える」という、「自己批判」に関する中央委員会の特別アピールが出されている。この意義を『ソ連邦共産党史2』(国民文庫)は、以下のように述べている。

「党は、批判と自己批判を、活動全体を改善し、党の隊列の統一を固め、妨害分子・降服主義者・官僚主義者を、つまりあらゆる異分子を暴露する手段とみていた。批判と自己批判は、党の基本方針のためのたたかいに大衆を政治的に動員する手段であった」

この旧ソ連邦の公式の党史は、まさに率直に述べている。自己批判・相互批判という組織活動の手法の意義は、「異分子を暴露」すること、党の「隊列の統一を固め」ること、つまり

「一枚岩の党」をつくることにその目的があったということである。

つまり、言い換えれば、「自己批判・相互批判という組織活動の手法」というのは、スターリン主義型の党において異論者・反対派を暴露・追放（粛清）するために、初めて採られた党活動・組織活動の手法であったのであり、この手法が戦前戦後の、とりわけ日本のコミュニズム運動において、党員たちの日常的な党活動・党生活にまで採り入れられていった、ということだ（これは自覚的には、党中央による党員の服従・支配の手法であり、無自覚的には、党員の抑圧・人格破壊の手法である）。

こうしてみると私たちは、日本におけるスターリン主義運動の「組織的伝統」（組織観）の恐るべき呪縛を感じざるを得ない。そして本来、戦後日本の反スターリン主義運動の出発点は、スターリン「一国社会主義論」批判に限定されることなく、このスターリンの組織観批判を根底に据えるべきであったと思う。この意味では、日本の「共産主義運動の伝統」の「解体的再生」こそが必要である。

［註　一般的に、コミュニズム運動のなかにおいて、運動や組織の「批判」「反省」は、たえず必要である。しかし本来、人は自分の間違い・誤りについての自己認識・自己総括・自己発展を行っていくことは可能だ。仮に、人がその誤りに気づかない場合でも、それは「アドバイス」を行うだけで足りる。スターリン主義型の組織観における「自己批判の強要」は、この人に対する根源的な信頼、認識の有り様に問題があるといえよう。］

前衛党による大衆運動の抑圧

コミンテルン以来の「一国一前衛党」論が、コミュニズム運動の本来あるべき複数政党主義を解体し、「唯一・単一の前衛党」にまで行きついた歴史的経過については、他の筆者の叙述に委ねる。が、このような「一国一前衛党」論が、日本の左翼諸派において「前衛党主義」「唯一・絶対の前衛党」というべきものを生みだしたことは、検討すべき課題である。そして、この前衛党への「物神崇拝」は、内ゲバを含む激しい党派闘争を生じさせたことも明らかである。

しかし、ここでは、この問題の根本的検討は別の機会にゆずるとして、大衆運動との関係において論じておきたい（前衛党の問題については、『検証　内ゲバ』［ＰＡＲＴ１］で故栗木安延氏が論述されているので、これを参照されたい）。

「労働者階級の解放は労働者の自主的事業」（第一インター「国際労働者協会規約」）であるとマルクスが言うように、党はコミュニズム運動を「前衛」として「代行」できるものではない。つまり、党というのは、「労働者階級の先進部隊」「労働者階級の政治的指導者」（スターリン）でもなければ、「人民の護民官」（レーニン）でもない。

あえてこの党について言うならば、「労働者・民衆の〝活動〟組織としての党」ということになろう。別の言い方をすれば、「前衛」ではなく、労働者・民衆の「中」、「内」にある〝活動〟組織であるということだ。つまり、党の存在理由は、労働者・民衆の「内」にあって、この階級・階層の多様な「利害の調整」をすることにある、といえよう。

（「前衛」という概念は、あたかも党が大衆・大衆運動の十歩も百歩も先んじて行くかのような意味を与えているが、実際の運動ではこの「前衛」のたち遅れがほとんどである。つまり、運動に必要なのはこのような「前衛」ではなく、大衆・大衆運動の中にあって、これらの人々の「一歩後をついて行く」党であってよい、ということだ。）

この前衛党という党観、「唯一・単一の前衛党」という党観は、「前衛党による大衆運動の指導」という、大衆運動や社会運動についての当たり前であるかのような、ねじれた、誤った認識をつくりだしてきた。その結果、今日までの無数の大衆運動・大衆団体において、党による引き回しや、ときには破壊までが行われるという状況がおこってしまった。

いわば、前衛党は「大衆運動・大衆団体を指導する」という思い上がり、独善性――この「党の絶対化」が「当たり前」のように存在する、運動内のこの有り様がこのような結果をもたらしたのである。

この問題については、新左翼のほとんどの諸派は、規約上も文献上もなんら言明していない。が、今まで述べてきたような党や大衆運動観に立っていることは明らかだ。ただ、すでに引用してきた一九五九年の創成期のブントが唯一、規約上でこれを明記している。

「大衆団体内の同盟員は、必要に応じてグループを組織する。グループの任務は、同盟の目的を達成する方向で大衆団体を指導することにありグループの指導は各級機関がこれを行う」（第一七条）

このブントの党規約は、日本共産党の大衆運動に関する党規約を引き継いでいることは明白である。日本共産党は、その党規約のなかに「党外組織と党グループ」という規定を設け、以下のように規定している。

「原則として党外組織の被選出機関に、三人以上の党員がいるばあいには、党グループを組織し、責任者を選出する。党グループと責任者は、そのグループに対応する指導機関の承認をうける。(1)党グループは、大衆団体のなかで、その規約を尊重しながら大衆の利益をまもって活動し、党の政治的影響をつよめる。(2)党グループは、対応する指導機関の指導にしたがう。（以下略）」（旧規約第五七条）

要するに、この日本共産党の党規約の内容は、党が大衆団体のなかに「党フラクション」をつくり、この党フラクションが大衆団体を「指導」していくというものだ。

ところで、右に引用してきた日本共産党の党規約は、第二二回大会以前の改訂前の規約である。改訂後の規約では、「その団体の規約を尊重することは、党グループの責務である」と、「責務」を付け加え、また、「党の政治的影響力をつよめる」という文言が削除された。

つまり、日本共産党は、数々の「党による大衆運動の指導」の失敗、大衆団体の怒りのなかで、党による大衆運動の指導について後景化させたのである。

しかしこのことは、本当に戦後のあらゆる運動内での日本共産党による大衆運動の指導という歪み、囲い込み、引き回し、破壊などを真剣に総括していると言えるのだろうか？　残念ながらそうとは言えない。この総括のためには、一国一前衛党論、単一・唯一の前衛党論、前衛党主義という党の根本的有り様を検証・総括せねばならない（第二二回大会で「前衛党」という文言を消し去ったとはいえ）。

このような、前衛党観・大衆運動観は、党による大衆運動・大衆団体の指導というものを超えて、「党による大衆運動・大衆団体の支配」にまで広がっていったことは、歴史が明らかにしている。そして、『検証　内ゲバ』（ＰＡＲＴ２）の景清論文が喝破したように、この党による大衆運動・大衆団体の支配という現実は、日本共産党を含めて、日本の左翼諸派内に内ゲバという、コミュニズム運動の歴史的荒廃をもたらしたのであった（そのもっとも具体的な現れは、内ゲバ党派による大学自治会の支配であった）。

今日にいたるまで、まさに党による大衆運動の支配・抑圧は、大学から労働組合、住民運動などを含めて、あらゆる所に常態化していると言っても過言ではないのだ。

3　二一世紀型の新しい党の組織原理

革命論と組織論の相互関係

さて、私は今まで、民主集中制を中心としたコミュニスト党の組織原則の結果は、党による党員の抑圧であり、大衆の支配であることを述べてきた。ここでは、この民主集中制の組織原則と革命論とはいかなる関係にあるのか、これを検討したいと思う。

コミュニズム運動において、いかなる革命戦略をとるのかという、この革命戦略の問題と組織原則の問題は相互に関連する。しかし、後述するように、コミュニズム運動の独自の組織論もまた存在する。

先に引用した、一九二〇年のコミンテルンの組織論に関するテーゼは、「現在のような激しい内乱の時期には、党がもっとも中央集権的に組織され、党内に軍事的規律に近い鉄の規律」が必要と、民主集中制と革命戦略の関連を指摘している。

つまり、当時のコミンテルンの革命戦略は、暴力革命――武装蜂起――権力奪取、総じて内乱と蜂起の戦略を軸にした革命戦略であったといえよう。これは、ロシア革命型の革命戦略であるということになろう。

こうした暴力革命――武装蜂起――権力奪取というロシア型の革命戦略を、一九六〇年代以降の日本のほとんどの新左翼諸派も採ってきており、この革命戦略が民主集中制という組織原則の導入となってきたといえる（コミンテルン組織原則の導入）。

ところで、では、こうしたロシア革命型の革命戦略を放棄したはずの日本共産党は、なぜ民主集中制という内乱戦略型の組織原則を採っているのか、ということだ。この問題は、おそらく、「分派発生による、絶えざる分裂の歴史」を繰り返してきた日本共産党の歴史と無縁ではない。つまり、日本共産党は、異論・分派の発生、その独自の運動の広がりを封じ込めるために、党中央部の統制を強化するために、民主集中制を必要としたということだ。言い換えれば、党中央の官僚的支配の維持のために、民主集中制の組織原則を今なお必要としているということである。

しかし、ここで私たちは問うべきだ。ロシア革命型の、内乱戦略型の革命戦略は、民主集中制という組織原則を正当化できるのか、と。

答えは否である。他の筆者が叙述するように、このロシア革命型の革命戦略を路線とする民主集中制の組織原則・組織観が、スターリン主義において継承・拡大され、党による党員・大衆の抑圧的「党システム」、そして、党・国家の融合・一体化を媒介とした、中央集権主義的・官僚主義的な命令的経済・社会システムをつくりあげてしまったのだ。

これは、日本の新左翼諸派についても同様であるが、問題は、仮にロシア革命型の革命戦略を採ったとしても、民主集中制型の組織の抑圧的システムではなく、それ以上にコミュニスト的自発性・自立性・自己発展性をはぐくむ、「解放型」の組織原則を採らねばならないということだ。

確かに、ロシア革命型の革命戦略における組織原則では、組織の非公然性・非合法性などの権力との関係での秘密性を保持することが求められるだろう。が、この組織の秘密性の保持を口実に、党中央部の上意下達的な、官僚的組織システムを合理化することがあってはならない。問題は、この秘密性の保持を真につくりだすことができるのは、党が大衆のなかにあり、大衆のなかで、大衆と一体的に存在している場合だけである、ということだ。「前衛党」を標榜する党が、すなわち、広範な大衆と遊離している党が、どんなに権力との関係で秘密性を維持しようとしても、これが不可能であることは歴史が証明している。

ここで私は、ひとつの問題を指摘しなければならない。日本の新左翼諸派の組織原則・組織観というのは、ロシア革命型の、レーニン主義型の組織観（コミンテルン型）を採っているようにみえながら、実は、それとはまったく異なっているということである。

すでに紹介してきた、新左翼の中核派、ブントの組織規約をみると、ほぼ全文がマルクス、エンゲルスの共産主義者同盟規約（一八四七年、『マルクス・エンゲルス全集』第四巻所収）を参照してつくられているということが推測できる。しかし、これらの党派の規約は、このマルクスらの同盟規約を参照しながらも、このマルクスらの同盟規約が有していた「分権制」的要素をそっくり削除している。

［註　中央委員会は、大会開催場所の地区委員会から選ばれる（第二二条）。地区委員会・中央委員会委員の一年任期と即解任制（第二五条）など］

ということは、中核派などの新左翼諸派の組織観・組織原則は、マルクス以前の、『共産党宣言』以前の組織観を色濃く持っているということである。その組織観とは、義人同盟などの文字通りの「秘密結社」時代の組織観である。

新左翼諸派において、このような「前近代的」な組織観が生じてしまった大きな要因のひとつは、やはり、前衛党主義、前衛党の物神化による、大衆との遊離であろう。あるいはまた、スターリン主義（組織観）に対する真の検証・総括をなしえていないことも、そこにはあるだろう。

さて、ここでの結論は、コミュニスト党の革命戦略と組織観・組織原則は、相互に関係するものであるが、コミュニスト党は、革命戦略を媒介にはしない、根源的な組織観・組織原則――組織原理をもまた、持たねばならないということだ。この組織原理とは、コミュニズム運動の目的に照応した「解放組織」として、その原理を創りださねばならないということだろう。

［註　私は、『検証　内ゲバ』（PART2）において、「本質としての暴力革命論」などの革命戦略に

かかわる小論考を提起している。ここでは「暴力革命論」を、軍隊の「市民化」による解体・獲得の可能性、「厳格な自衛武装」による自衛権・抵抗権の行使として核心的にまとめている。暴力革命論の検証については、これを参照してほしい。」

党員主権と自治・分権制

さて、以上のような旧来の民主集中制などの組織論に代わる、二一世紀型の党の組織論――組織原理はどうあるべきか？　私は、結論として、党員主権（党員の自己決定権）、民主自治制（分権制）、直接民主主義、公開制の四原則にもとづく組織論を提示したい。

コミュニズム運動とその党というのは、コミュニスト自身の自主的な、自立的な運動である以上、党の基本的あり方は、コミュニスト自身の自己決定権――党員主権をその根本に据えるべきである。

この党員主権という組織観――組織原理について加藤哲郎氏は、『社会主義と組織原理Ⅰ』（窓社）において、ベーベル、リープクネヒトの結成した一八六九年の社会民主党の組織論を紹介している。この組織論は、ドイツ社会民主党のもっとも民主的時代のものであり、党員主権に係わる組織原則として、「大会議事の事前告示と党員の直接議事提案権」「大会決議の党大会後六週間以内の全党員の直接投票（批准）」などを定めている。

ここでは、党大会に限ってではあるが、党の基本的政治方針の決定に対して、間接性を排除し（直接民主主義）、党員たちが直接参画する組織のシステムが形成されている。問題は、この党員主権を党大会に限ることなく、日常的に遂行する組織システムの形成ということになろう。

重要なのは、民主集中制（「党中央主権」と言ってもいい）に代わる、新たな組織論としての党員主権（党員自己決定権）という組織原理が求められているということだ。この組織原理こそは、コミュニズム運動とその党において、もっとも必要とされ、求められているものである。

しかし、民主集中制に代わる組織論を二一世紀の新たな組織原理として創りだすには、党員主権だけでは足りない。この党員主権を党員自身の自治（分権制）として発展させるべきである。この意味では、先のドイツ社会民主党の党員主権の有り様は、党大会に限られていたのであるが、これを党と党員の日常活動にまで高めていくことが求められるのであり、これは党員や党の各級組織の自治制（分権制）ということになる。

つまり、党員主権（党員自己決定権）は、党員の日常的な自治活動にまで高められて、はじめて、その主権者たる内容を獲得するということである。

このような意味からして、この党員主権と民主自治制（分権制）、直接民主主義とは、相互の関係にあることが理解できる。つまり、党員の主権――自己決定権の〈総合〉が、「細胞」

や各級組織などの自治的・分権的な、一連の組織となるということである。これを別の言葉で言えば、民主集中制型に代わる組織の原理とは、ネットワーク型の、リゾーム状の組織ということになろう。

［註　今日では、日本の行政的官僚機構の機能不全に象徴されるように、大企業においても従来の中央集権的・官僚的システムの行き詰まり、崩壊が叫ばれている。ここからの脱出を賭けて、すでに欧米においては、このような既存の中央集権的組織のあり方ではなく、ネットワーク型の、リゾーム状の組織への再編成が大胆に行われつつある。すなわち、企業はその生き残りを賭けて、組織の有り様を根本的に変革しつつあるわけだ。だが、もっとも革新的・進歩的であるべきコミュニスト組織は、いまだ、旧来の中央集権的・官僚的組織観を後生大事に保持している。これこそが、今日のコミュニスト組織の危機の根源的な要因と言わねばならない。］

そして、こうした組織原理において、党の「公開の原則」は必要不可欠である。これはすべての政策・政治方針の形成にいたる党内討議を、党内外に完全に公開することである。この公開の原則によって、党内外でのあらゆる意見・異見・異論などが闘わされることになり、コミュニズム運動のその理論と実践の発展において、大いに貢献することになるだろう。

まさに、このような労働者・民衆に開かれた党組織、労働者・民衆のあらゆる諸階層の多様な意見・異論と日常的に切り結ぶ、原則的で柔軟な新しい二一世紀型の党組織のみが、崩壊的危機にある今日のコミュニズム運動を、その根源から「解体的に再生」することができるのだ。

ネット活用による党組織のネットワーク化

二〇〇三年からはじまったイラク反戦運動は、このところ私たちが経験していないような大きな広がりを見せている。九・一一事件以後の、アメリカの新たな帝国主義戦争の開始と、日本のこの戦争への参戦は、七〇年安保闘争以来の新たな反戦運動の高揚の時代が訪れていることを示している。

さて、このイラク反戦運動においては、インターネットの活用が強力な武器になったことは、よく知られている。反戦集会やデモの日時の告知、創造的な反戦行動の提起など、あらゆる運動の呼びかけは、インターネット上で無数に飛びかった。とくにこのなかで、デモなどの日時を告知する電子メールは、パソコンからケータイにいたるまで、数多くの人々にチェーン状に広がっていった。これは、マスメディアに依拠しない新たな民衆のメディアが、実際的に形成されつつあることを示している。

そして今や、このイラク反戦運動ばかりでなく、さまざまな大衆運動・市民運動・住民運動のなかで、インターネットの活用、とりわけ、電子メール（メーリングリスト）の活用は、当たり前のように広がっている。

だが、さまざまな運動において、この当たり前のように広がっているインターネットは、日本のコミュニズム運動において、いまだにそのほとんどが活用されていないのだ。この事態は、コミュニズム運動の驚くべき「後進性」ということになるが、この現実は、すでにみてきた組織論の「保守性」と切り離せない、と言っていい。

さて、すでに述べてきた、民主集中制に代わる組織原理である、党員主権——民主自治制（分権制）——ネットワーク型の組織にとって、インターネットの活用は必要不可欠である。たとえば、インターネットの電子メールの機能を活用したとすれば、党組織の日常的な政策・方針形成に係わる討議が、全国的に、一斉に、同報的にできる。

ということは、インターネットの活用によって、自ずと党員主権——自治制（分権制）にもとづく組織が形づくられていく、ということになる。もはや、ここでは「党中央」さえも必要がないという事態が生まれてくるかもしれない。つまり、インターネットの活用により、すでに述べてきた民主集中制に代わる新たな組織原理が、必然的に創られていくことになると言えよう。

それだけではない。インターネットの活用は、全役員の選挙制・即解任制などの直接民主主義の導入、そして、ウェブサイト上においての、党内議論の公開などを全世界に素早く、格安で提供できることになるのだ。

このような意味において、二一世紀の新しい組織論として、インターネット活用による新しい組織原理の創造は、充分に可能と言える。

［註　インターネットの活用と同時に、デジタルデバイドの解決は必要である。ネットを使用できない環境におかれている党員たちへ、印刷物の適宜の配布は大事である。が、ネットの活用を嫌悪したり、苦手意識というだけでは、これは言えない。今や、インターネットは、小中学校をはじめ、ほとんどの民衆が自由に手にしているものだ。コミュニストこそ、この活用において最先端を行くべきである。なお、運動においてのネット活用については、私を含む共著で『サイバーアクション――市民運動・社会運動のためのインターネット活用術』（社会批評社刊）が刊行されているので、これを参照されたい。］

第2章　レーニン、トロツキー党組織論の批判的検討

吉留昭弘

はじめに

一九一七年のロシア革命において指導的役割をはたしたボリシェヴィキ党（後のロシア共産党）は、革命勝利後、社会主義への過渡期において変質し、ロシア革命は中途で挫折・崩壊した。一九四九年革命を導いた中国共産党にもまた同様の現象が現れた。これら二〇世紀社会主義挫折の原因は多方面から考察される必要があろうが、その重要な要因として、これらの党が共通してスターリン主義組織路線を採ってきたことが挙げられる。

スターリン主義組織路線は、二〇世紀国際共産主義運動に甚大な影響を及ぼした。その影響下にあった党組織は世界中いたるところで動脈硬化をきたし、プロレタリア政党としての性質と役割を消失し破綻した。わが国の戦前戦後の歴史もまたその例外ではなかった。

これらの歴史的経験は、プロレタリア政党の再建にとっての党組織路線の再検討、とりわけ

スターリン主義組織路線の徹底した批判と克服がきわめて重要な課題であることを教えている。それなしには、同様の誤りがまたもくり返されることになる。

ところで、スターリン主義組織路線の歴史的形成過程をたどれば、われわれはレーニンの党組織論にまでいきつく。そして、レーニンの党組織論とスターリン主義組織路線とは、どのような関連にあるのかについて明らかにしなければならない。それなしにはスターリン主義組織路線の徹底した解明と克服は成しえないように思われる。

小論は、このような問題視角から、レーニンにはじまるボリシェヴィキ党組織路線の歴史的経緯を検討し、スターリン主義組織路線の形成過程とその特徴を明らかにしようとするものである。

１　レーニン党組織論の特徴

中央集権主義の党組織路線

レーニンの党組織論の骨格を著した文献として、『なにをなすべきか？』（一九〇二年）『一歩前進、二歩後退』（一九〇四年）をあげることができる。

その特徴として次の諸点をあげられる。

①、党は、職業革命家を中心とした秘密組織でなければならず、それは中央集権主義的組織でなければならない。

②、専制ロシアの条件下では公開制や選挙制を保証することはできず、労働者民主主義を党組織の基軸におくことはできない。

③、党は自然発生的な運動にたいして社会民主主義的政治を「外部注入」しなければならず、そのためにも全国的な政治新聞をもたなければならない。

レーニンの党組織論の核心は、その組織原則を党内労働者民主主義におかず、中央集権主義においた点にある。それは、ヨーロッパのブランキストやロシア・ナロードニキにみられる秘密陰謀組織と類似の特徴を色濃くもつものだった。

中央集権主義と党の分裂

ロシア社会民主労働党は、事実上の創立大会ともいえる第二回党大会(一九〇三年)ではやくも分裂する。分裂の真の契機は規約第一条問題にあったわけではない。主役はレーニンであった。レーニンの中央集権主義的党組織路線からすれば、党の頂点にある中央委員会と中央機関紙の指導権を誰が握るかは決定的な意味をもっていた。そのためにはかれは分裂をも辞さなかったが、かれの党組織論からすればそれは正当な論理であった。

以後、ロシア社会民主労働党内では、ボリシェヴィキ党が独立するまで永きにわたってボリシェヴィキ(多数派)とメンシェヴィキ(少数派)その他との党統一をめぐる論争と離合集散がくり返される。この時期レーニンは、自らが少数派に転じた時は「批判の自由と行動の統一」など党内民主主義的主張もするが、党内民主主義的路線を多く要求してきたのはメンシェヴィキその他の側であった。

党派闘争は党を純化するという主張は、レーニンが党内論争においてまた党の分裂も辞さない場合によくもちだした観点である。この観点は無条件的に正しいわけではない。党内論争は避けられないし、ましてマルクス主義の原則的問題や革命の重要問題について党内対立が存在する場合、それは必要不可欠である。しかし、あらゆる問題で無制限に論争し、それを党派闘争にまで高めて分裂も辞さないとするのは誤りであり、分裂主義である――わが国新左翼諸派の「党派闘争」と四分五裂化現象は、かかる観点と無関係ではない――。

レーニンの党派闘争論と分裂主義的ともみえる観点の背後には、党の頂点、中枢の役割を決定的とみなし、またその指導権問題を常に視座においたかれの中央集権主義的党組織観があったことが知られる。しかし、この党派闘争至上主義とも思われるレーニンの志向は革命勝利後は変化する。かれは一九二一年の分派禁止令にみられるように、党内矛盾と党派闘争による党の分裂を危惧するようになる。このようなレーニンの自己矛盾は、その中央集権主義的党組織論がもたらした矛盾の反映でもあった。

中央集権主義から民主主義的中央集権主義へ

ボリシェヴィキ党の組織路線は当初の中央集権主義路線からメンシェヴィキとの統一時――それはすぐに破られるが――に、民主主義的中央集権主義路線へと変化する。それは党内民主主義を要求するメンシェヴィキらの主張を容れた変化であった。

いらいボリシェヴィキ党の党組織路線は、スターリン時代をも含めて「民主主義的中央集主義」――俗に民主集中制とも言われる――を標榜することとなる。このような歴史的経緯が示すように、民主主義的中央集権主義とは、レーニンの中央集権主義路線に労働者民主主義を接木したものであった。

ここで私見を述べさせてもらえば、本来、中央集権主義的党組織路線と労働者民主主義的組織路線とは相異なる二つの組織路線であり、両者を接木しても両者の矛盾は解消することはない――中央集権主義と党内民主主義を党組織路線の二つの契機、二つの側面とみなす見解が従来支配的だが、それは弁証法的に見えて実は折衷的・欺瞞的である――。

そして実際、後述するように、ボリシェヴィキ党内では以後この両者のいずれを党建設の基軸におくかをめぐって激しい対立と闘争が展開されるのである。

レーニンはその最晩年に、自らの中央集権主義路線がもたらした党の官僚主義的肥大と硬直化、党分裂の危機に直面し驚愕する。スターリン派は、党内労働者民主主義圧殺による超中央集権主義化路線へとまい進する。民主主義的中央集権主義路線は事態の進行のなかで両極分化を避けられなかった。

レーニンの党組織論にたいし最初にこれを批判したのは、ローザ・ルクセンブルクとトロツキーであった。

2　ローザ・ルクセンブルクのレーニン批判

超・中央集権主義の批判

レーニンの『一歩前進、二歩後退』発表後、ローザ・ルクセンブルクは「ロシア社会民主党の組織問題」と題するレーニン批判を提起する。

「その著作は、ロシアの党の超・中央集権的な方向を組織的に表現している。ここに強烈に、徹底して表現されている見解は仮借ない中央集権主義のそれであり、それの根本原理は、一面では、はっきりした活動的な革命家たちを、かれらをとりまく、未組織であっても革命的・積極的な環境から、組織された軍団として抽出・分離することであり、他面では、党の地方組織のあらゆる発現形態に中央機関の厳格な規律と、それの直接的な、断乎として決定的な関与を、もちこむことである」（『ローザ・ルクセンブルク選集』第一巻二五〇頁、現代思潮社、傍点引用者）

「それゆえ、この二つの原則――皆に代って考え作り出し決定するような一つの中央権力のもとに、党組織のすべてが、その活動のごく細部までを含めて、盲目的に服従すること、ならびに、レーニンによって弁護されているように、党の組織された中核をそれをとりまく環境からきびしく峻別すること、という二つの原則にもとづいて、社会民主党内の中央集権を作り上げることは、われわれには、ブランキスト的な陰謀家サークルの運動の組織原理を、労働者大衆の社会民主主義的運動へ機械的に飜案することである、と思われる」（同右二五三～四頁、傍点引用者）

ローザにとって、「皆に代って考え作り出し決定するような一つの中央権力」と、これに「盲目的に服従する地方組織」「中央機関の厳格な規律とそれの直接的な、断乎として決定的な関与」という組織原理と夜警根性は、容認できないものであった。

党組織もプロレタリア運動とその組織形態の一環である以上、それは「労働者大衆の社会民主主義的運動」の特質から分離・背反することはできない。ローザのレーニン批判の根底には彼女の労働者民主主義的思考がうかがえる。

中央集権的党機構が保守主義を危険なほどまで強めるだろうというローザの警告は、後にスターリン時代への末路をたどるボリシェヴィキ党に暗示的であった。

レーニンのローザへの反批判は、専制ロシアの特殊性を主な論拠とした本質的なものではなかった。両者の論争が中断・未消化に終ったことは、後のプロレタリア運動にとって不幸であった。

３　トロツキーのレーニン批判

トロツキーの党組織論

レーニンとトロツキーはロシア革命を代表する指導的人物だが、両者は一九〇三年の党分裂から一〇月革命直前まで長期間にわたって分岐していた。対立の主な原因は、党の分裂と統一問題についての両者の意見の相違である。トロツキーは一貫して党の分裂に反対し、統一を要求した。レーニンはこれを党建設における日和見主義的・調停主義とみなした。しかし、両者の対立の根底には、党組織論についての基本的な見解の相違があった。

党組織論についてのトロツキーの見解は、レーニンとの論争や後のスターリン派との論争等を通じて知る他ない。

「階級闘争の全分野にまたがる社会民主主義的プロレタリアートの自主管理組織」

「党は労働者の上に来ることはできない。党はただ労働者の先進層の組織的手段としてのみ考えられる」（「『プラウダ』から思考する労働者への手紙」、傍点引用者）

「受動的な服従、上司にたいする機械的同調、自己喪失、追従、出世主義を党から追放せよ！　ボリシェヴィキは規律の人間であるだけではない。否、それはそれぞれの場合に深くほりさげながら自分でしっかりした考えをつくりあげ、敵とのたたかいにおいてのみならず、みずからの組織の内部にあっても雄々しく自主的に主張する人間である」（同右）

「党は労働者民主主義をめざす路線を発展させ、たしかなものにしてはじめてフラクション主義の危険を立派に克服することができる。機構の官僚主義こそフラクション主義のきわめて重要な源泉のひとつである。それは批判を圧殺し不満を内攻させる」（『トロツキー新路線』柘植書房）

右の見解に、党組織論についてのトロツキーの基本的観点をみることができよう。それは、職業革命家やインテリゲンチャ主導ではなく、先進的労働者層の「自主管理組織」であり、その組織原理が労働者民主主義的方向にあったことは疑いないだろう。

プロレタリアートの解放はプロレタリアート自身の事業であるとするマルクス的観点からするならば、プロレタリア党組織もかれら自身が自主的に管理するものでなければならず、中央集権的な「二階建て」の組織であってはならなかった。

トロツキーの代行制批判

トロツキーは、レーニンの中央集権主義党組織論の危険性について諸々の批判を提起しているが、代行制批判はその重要な部分であった。

「しかしながら、『代行』というものはわれわれ革命家にとっては革命的社会民主主義者にとってよりもずっとふさわしくないということをことわっておかなければならない」（トロツキー『われわれの政治的課題——戦術上及び組織上の諸問題』一九〇四年、大村書店、傍点引用者）

「党の対内的政治においてはそうした方法はさらにあとでみるように、党の組織がみずから『党』を、『代行』し、中央委員会が党の組織を代行し、そのあげくは独裁者がみずから中央委員会を代行するという事態、さらには『人民が沈黙を守ってる』そのときに委員会が『方針』をつくったり廃止したりするという事態をもたらす。対外的政治においてはそうした方法は、みずからの階級的利害を自覚したプロレタリアートの現実的な力によってではなく、プロレタリアートの階級的利害の抽象的な力によって他の社会的諸組織に圧力をかけようという試みとなってあらわれる」（傍点引用者）

党大会を中央委員会が代行し、中央委員会を政治局が、政治局を書記局が、書記局を書記長が代行する。最終的には全党を書記長一個人が代行する。独裁者による党の代行はスターリン時代に具現するが、それは一個人の所業ではなく中央集権主義組織路線の必然の産物だった。トロツキーの警告は先見的だった。

党内の代行制批判にとどまらず、代行制の進行が党によるプロレタリアートの代行、さらにはプロレタリアートにたいする党の独裁の危険性が指摘されていたことは注目される。これまた、スターリン時代にボリシェヴィキ党の変質とともに、ソヴィエト権力にたいする党の独裁となって現れた。

自然発生的な大衆運動をどのように評価し、これに党がどのように対応していくか、党の役割とは何かについて、トロツキーとレーニンのあいだには微妙だが看過できない重要な相違がみられる。レーニンの観点には代行制的観点が過度にみられる。両者の相違は、一九〇五年革命と大衆が産みだした革命的戦闘組織としてのソヴィエトの評価、また一九一七年の革命蜂起に際しての対応等にもみることができる。レーニンが党による代行を強調したのにたいして、トロツキーは大衆的自覚とソヴィエト自身の積極性と役割を重視したように思われる。それは後のソヴィエトとソヴィエト民主主義の浮沈にかかわる問題を内包していた。

レーニンとトロツキーの論争期の評価

一九〇三年から一七年にかけてのレーニンとトロツキーとの対立についての評価は、まだ定かではない。スターリン主義者はこの期のトロツキーのレーニン批判を材料に、トロツキーを「反レーニン主義者」に仕立てあげたが、客観的ではない。

この時期、トロツキーは経済主義者を右の偏向とすれば、レーニンの「外部注入」論や中央集権主義的・代行主義的観点を「左」の偏向とみなしていたようである。

党組織論をめぐる論争についてみれば、最近、当時のトロツキー見解が公開されるようになったことから、その全容が次第に明らかになりつつある（『トロツキー研究』三六号、三七号参照）。

一九一七年革命直前のトロツキーのボリシェヴィキ党への合流によって、この間の論争には終止符が打たれる。メンシェヴィキの日和見主義的転落、トロツキーの合流によって当時のレーニンとボリシェヴィキ党の党組織論が正しかったということにはならないだろう。

レーニンは自らの誤りを糊塗するような人物ではなかったから、政治上の問題とりわけロシア革命の性質とその前途にかかわったトロツキーの「永続革命」の問題については、後にトロツキーが正しかったと語った。しかし、党組織論についての述懐は推測の他はない。レーニン「最後の闘争」はかれの到達点を示している。

トロツキーが後年語った概括的言辞は含蓄が深い。

「うつろいやすさのみが不変であるこの世界ではなにごとも相対である。ボリシェヴィキ党の独裁は史上もっとも威力ある進歩の一手段であった。しかしここでもある詩人の言葉を借りれば〈理性は非理性に、善行は疫病になる〉である。野党の禁止はフラクションの禁止を招いた。フラクションの禁止は、『無謬』の指導者と異なる考えをもつことの禁止に終った。党の警察的な一枚岩体制は官僚の専横を招き、それがあらゆる類の堕落と腐敗の源泉となった」

(『裏切られた革命』岩波文庫)

4　第一〇回党大会決議と党建設の二つの方向

分派禁止決議

一九二一年三月の第一〇回党大会は内戦終結後の転換期に開催され、「戦時共産主義」から

「ネップ」（新経済政策）への転換で知られるが、党建設上でも重要な意義をもつ大会であった。

大会は対照的な二つの決議を採択する。それはボリシェヴィキ党の以後の進路に重要な意味をもつ決議であった。

一つは、「党建設の諸問題に関して」と題する決議である。

同決議は、内戦期における党建設上の問題を総括し、そこから平時における党の組織路線は党内労働者民主主義を基軸とすべきとする観点を明記したことで画期的意義をもつものだった。それは、戦時期における中央集権化が党のプロレタリア的性質を歪めたことを総括して、次のように述べた。

「全体的には党組織の極端な中央集権制および党組織の集団的機関の縮減としてあらわれた……そうした命令は党の指導機関によって発せられ、一般党員によって審議なしに唯々諾々として遂行された」（藤井一行著『民主集中制のペレストロイカ』一四五～一五〇頁、大村書店）

「大衆のきわめておくれた文化水準を土台として形づくられた極度に中央集権化された機構の諸要求が官僚機構の肥大化をもたらし、その自立化傾向をつくりだした」（同右）

「中央集権化は、それの官僚主義化への転化と大衆からの隔絶とへの傾向を発達させていった。戦闘命令方式が不必要な圧力というしばしば歪められた形態をとった。止むをえない特権がさまざまな類いの権力乱用の基盤となった。党機関の止むをえない縮小――党の精神生活の

弱化の方向、等々への――、それは全体として党の内部的危機をもたらした」（同右）

それは、平時における党の組織路線はいかにあるべきかに関して、次のように述べた。

「この任務は旧らいの組織形態を維持したままでは解決することができない。現下の当面の必要は新しい組織上の外被を求めている。労働者民主主義の形態がそれである」（同右）

「党内労働者民主主義とは、党の共産主義的政策の遂行に際しての次のような組織形態、すなわち、もっとも遅れた党員にまでいたるすべての党員にたいして党の生活への、党のまえに提起されるあらゆる問題の審議への、それらの問題の解決への積極的な参加、同様に党の建設への積極的参加を保障するような組織形態を意味する。労働者民主主義の形態は制度としてのいかなる任命制をも排するものであり、下から上までのあらゆる機関の広範な選挙制、それらの機関の報告義務制、被監督制等々に具現される」（同右）

「活動方法はなによりもまず、すべての重要問題に関して全体を拘束する党決定が採択されるまでは、それらの問題を広範に審議し、党内での批判の完全な自由をもってこれらの問題を対議するという方法、全党的決定を集団的につくりあげるという方法である」（同右）

「こうして、党内のもっとも普遍的な任務は、党の隊列の量的な拡大ではなく、その質的な改善、全党員の自覚性、共産主義的教育、積極性、自主性、創意性の高まり、ならびに党の全隊列のこうした基盤に立っての絶対的統一である」（同右）

もう一つは「党の統一について」と題するレーニン提案による決議である。

同決議は、分派禁止と中央委員の免責を中央委員会が党大会を代行して行うことができるとする臨時措置を主な内容としていた。レーニン提案の背景にあったのは労働組合論争などにみられる党内対立の激化であり、レーニンが党の分裂を危惧したことにあった。また分派禁止令について言えば、その際レーニンは党内異論の公開の自由と保障という付帯条件をつけた。

しかし、いずれにせよ右の二つの決議は対照的であった。一つは党内労働者民主主義の重要性と徹底化を要求し、もう一つはそれに逆らう内容をもっていたからである。

レーニン自身はと言えば、かれは党内労働者民主主義の発揚、全党員の革命性と自覚の発揚によって党内矛盾を解決していくという方向よりも、上から制約によって党内矛盾を解決するという中央集権的志向から脱していなかった。それは決議の一部を全党への非公開とするというかれの提案にも現れている。

第一〇回党大会の時期にボリシェヴィキ党は、党内労働者民主主義の組織路線の方向へ進むのか、それとも中央集権主義の方向へ向うのかの重要な岐路に立たされていたといえよう。そして実際に以後のボリシェヴィキ党の歴史は、この二つ方向、二つの組織路線の激突として展開される。

党の組織局、書記局は党の組織問題を扱う部署であった。二二年の第一一回党大会におけるスターリンの書記長就任は、ボリシェヴィキ党がどの方向に向かうのかを象徴する人事であった。レーニンはこの方向には反対しなかった。そして一年も経たないうちに、かれ自身その結果に驚くことになる。

5　レーニン最後の闘争と党組織問題

分派禁止で生じたスターリンの独裁

レーニンは、一九二一年末から病状に見舞われ、二二年五月に発作に倒れる。レーニンの有名な最後の闘争と言われるのは、この時期から翌二三年三月の政治的引退（二四年一月死去）に至るまでの一年に充たない短期間に、かれが病床にあって党指導部とのあいだに展開した闘争を指している。

レーニンの病欠は、党の頂上部に顕著な変化を引き起した。政治局に代表される党指導部は、ことごとくレーニンの政策に敵対し、かれとは別の方向へと進もうとしていた。また分派禁止令にもかかわらず、党の頂上部にはトロイカ（ジノヴィエフ、カーメネフ、スターリンの三人組。のちにスターリン派に収斂）が結成された。スターリンは「短期間に広大な権力をその手に集中」（レーニンの遺言）していた。トロツキーだけが唯ひとり孤立し、トロイカの政策に反対していた。

レーニンとトロイカとの政策上の対立点となったのは、貿易の国家独占問題、民族問題、官僚主義問題など社会主義への過渡期の諸問題であったが、ここでは官僚主義問題に代表される党の組織上の問題についてふれる。レーニンは当時、この問題をどのように認識し、これらにたいしてどのように対応しようとしたか。

その前に、まず分派問題についてだが、この問題ではレーニンは自身の分派禁止令の無効力を知らされる。トロイカが分派を結成し、トロツキーの孤立化を策していただけでなく、レーニンをもあざむきその政策に敵対していたからである。ここに至ってレーニンはトロツキーに同盟を求め、両者の同盟によってトロイカと対抗せざるをえなくなる。

官僚主義問題について言えば、レーニンは国家機構の肥大化と官僚主義の異常なまでの増長ぶりに驚く。国家機構の腐敗と官僚主義防止の機関として創設されたラブクリン（労農監督部、責任者スターリン）が官僚主義の巣窟となり、人心を失っていることを知る。またスターリンらが少数民族の党組織にたいして横暴な抑圧的手段を用いていることを知る。

レーニンは官僚主義との闘争の必要を自覚し、この問題でトロツキーとの同盟を求める。レーニンがこの問題についてどのような認識に立っていたかは、トロツキーの述懐からうかがい知ることができる。

「レーニンはクレムリンの自分の部屋に私を呼び、わが国のソヴィエト機構における官僚主義のおそるべき増大について、またこの問題にしかるべく対処するための挺子を見出す必要について語った。かれは中央委員会に特別委員会を設置することを提案するとともに、私にその仕事に積極的に参加するようすすめた。私はかれにこう答えた。

『ウラジミール・イリイッチ、私が確信するところでは、ソヴィエト機構の官僚主義との闘いでは、いまや次のことを忘れてはなりません。それは、地方でも、中央でも、県や地区や、中央、つまり中央委員会で、党の一定の指導的なグループや人物のまわりに、党員非党員を問わず役人や専門家を抜擢するという特殊な制度が出来かけているということです。役人に圧力をかけると、その専門家をとりまきの中に加えている指導的党員にぶつかります。いまのような状態ではそういう仕事は引き受けられません』

ウラジミール・イリイッチはしばらく考えていたが、こう言った。――ここで私は、かれの言葉を逐語的に引用する。

『私はソヴィエトの官僚主義と闘わなければならないと言ったわけですが、あなたの方は、つまり、それに中央委員会の組織局もつけ加えることを提案するわけですね?』

思いがけなさに私は笑いだした。そういう完全な定式は私のなかには無かったからである。私は答えた。

『まあ、そういうことになりますね』

すると、イリイッチは言った。

『結構ですね。同盟を申し入れます』

私は言った。

『立派な人物と同盟を結ぶのは、とてもうれしいことです』

終わりのほうでウラジミール・イリイッチは、官僚主義一般と闘う特別委員会を中央委員会に設置するよう提案する。そこを通じて中央委員会組織局にも接近しよう、と言った。組織上の側面についてはもっと『良く考え』てみると約束した。そこでわれわれは別れた。そのあと私は二週間ほど呼び出しの電話を待っていたが、イリイッチの健康はますます悪化し、まもなく寝込んでしまった。後でウラジミール・イリイッチは、秘書たちを通じて民族問題に関する手紙を私のところへ届けてきたので、この問題はそれ以上には進展しなかった」（『トロツキー選集3』現代思潮社、二〇〇〜二〇一頁）

右のことから知られるのは、官僚主義問題ではレーニンよりもトロツキーが一歩進んだ洞察に達していたことである。レーニンは主に国家機構の官僚主義との闘争を念頭においていたが、トロツキーは官僚主義の元兇は党組織にあり、党の官僚主義を根治する打開策を講じないかぎりその根源的解決はありえないという認識を示すのである。トロツキーの拒絶にあってレーニンは、問題の根源が党の側、党の組織部にあることを悟る。

「レーニンの遺言」の組織論的限界

トロツキーが言うようにこの闘争は不発に終わるが、レーニンがこの問題にどう対応しようとしていたかはかれの口述書簡、そこでの党組織改革案にみることができる。

その特徴を列挙すると、

①、党分裂の危険性がある。党の政治的、組織的安定を確保するために、中央委員会のメンバーを増員する必要がある。増員メンバーは労働者党員にかぎるべきである。この場合の労働者党員とは現場労働者党員であり、国家官僚機構にある党員は除外する。

②、労働監督部を廃止する。中央統制委員会の組織と権限を拡充し、それによって中央委員会や政治局など党組織への点検と監督を強め、中央指導部の偏向と独走を防止する。

③、スターリンを書記局から更迭し、グルジア問題で党組織を弾圧したジェルジンスキーらを組織処分する。

右の改革案から、レーニンが党指導部の政治的安定性を危惧し、その政治的安定を労働者党員に求めたことが解かる。しかし、その改革案の重点は、党統制委員会の拡充による中央指導部の監視にみられるように党機構の制度的改革であり、外科医的対症療法の域を出なかった。

それは党内労働者民主主義の徹底化と全党の革命性の発揚による党組織の革命化という下からの改革案というよりは、あくまでも上からの改革案であった。そこには、依然としてレーニンの中央集権主義的党組織論が存在していた。

実際に、レーニンの党改革案は何らの効力も発揮できなかった。スターリンらは形式だけはとり入れたが、仏造って魂入れずの例を実行した。第一二回党大会でスターリンらは、レーニンを欺けと主張したかのクイプィシェフを統制委員会議長に、ジェルジンスキーをゲ・ペ・ウの長官に選出してレーニンに報いた。

党の官僚主義、腐敗と堕落、中央指導部の政治的・組織的不安定性、その象徴としてのスターリン派党官僚の形成と出現は、党内労働者民主主義の欠落から、レーニンの党組織論が色濃くもった中央集権主義的党組織路線から必然的に産れたものであった。

6　レーニン後の党内闘争とスターリン主義組織路線の形成過程

批判の自由と公開制の抑圧

レーニンの病欠後ボリシェヴィキ党の党内闘争は熾烈をきわめた。それは党と革命の前途を左右したほどの重要な意味をもつものだった。その成敗を決定づけた期間はわずか五年間——一九二三年三月レーニンの政治的引退からトロツキーと党内反対派の大量除名が決定された一九二七年一二月・第一五回党大会——であった。

トロツキーと党内反対派の追放は、スターリン派による党支配権確立を意味した。それは、ボリシェヴィキ党の変質とこれに連関したソヴィエト権力の変質の重要な契機となった。

この五年のあいだに、ボリシェヴィキ党の組織路線は労働者民主主義とは逆の方向へと急施回していく。それはまさにスターリン主義組織路線の形成過程でもあった。

スターリン派が党支配権確立のために用いた組織的手法は、党内労働者民主主義の諸契機のはく奪と圧殺に集約できるが、その特徴はおよそ次のようであった。

異論の尊重と批判の自由、公開制はレーニンの時代までは抑圧されることはなかった。分派禁止の非常措置下でもそれらは保障された。それらを抑圧し否定することは、スターリン派が党指導権をさん奪していくうえで第一義的意味をもった。

スターリン派は自らと対立する見解の党内外への公開を極力怖れた。レーニンの口述書簡の秘匿とトロツキーの口封じはその特徴的事例である。

レーニンの政治的遺言を含む一連の口述書簡の重要部分が公開されたのは、一九五六年のフルシチョフの「秘密報告」以後である。それはスターリン派の政治的敗北を決定しかねない性質のものだったから、かれらはその党内外への公開に必死に反対した。一方でレーニン主義の継承を声高に唱えながら、他方でレーニン書簡の公開を押える画策が遂行された。党員と大衆は、知らず知らされずの状況におかれた。党内反対派が最後まで「レーニンの遺言を実行せよ！」と叫び続けたのは、このような歴史的背景からである。

レーニンの死後、スターリン派の最大の政敵はトロツキーであった。

党政治局内でレーニンの政治的遺志を継承していたのはトロツキーのみであった。トロツキーの政治的見解とスターリン派との対立を極力政治局内だけにとどめ、それを党内外に公開しないことはスターリン派にとって重大事であった。

党内闘争の初期、トロツキーの口封じに成功したことはスターリン派の党指導権さん奪に有利に作用した。他方でスターリン派は自らの分派ルートを通じて、トロツキーへの隠微な誹謗・中傷を流布していた。――当時のスターリン派の資料としては、『トロツキー研究』（二ュース・レターNO36、トロツキー研究所刊参照）。

たまりかねたトロツキーは、一九二三年一〇月、中央委員会宛の意見書を送る。続いてその一週間後、党内の著名な四六名が連名で中央委員会宛意見書を送り、その公開を求める。しかし、両者とも全党への公開は封じられた。

党指導部が党内民主主義の擁護を約束した偽瞞的な新路線論争時、トロツキーの一文「党の諸会議への手紙」の青年層への反響の大きさを知るや党指導部は、以後トロツキーの意見開陳を封じる一方、党機関紙誌を通じてスターリン派による一方的なトロツキー批判を大々的・連続的に展開した。

それは党内愚民政策の始まりであった。党員は一方的な情報と見解しか知らされず、何が革命の大問題なのか、党内でどのような意見が対立しているのか、いずれがマルクス主義的立場に立っているのか、判断の材料を与えられなかった。そうするうちに政治的無関心と一方的追随・保守的心情が全党を覆うようになった。当時、党内路線闘争に実際に参加したのは全党員の十分の一程度であったといわれる。それは即スターリン派の組織的勝利を意味した。

異論の尊重、批判の自由と公開制の保障は、プロレタリア政党にとってその死活にかかわるほどの党内民主主義の重要な要素である。この要素を欠くと、党組織は革命的な批判精神とプロレタリア的活力を失う。革命の重要問題をめぐっての異論と批判の自由があってこそ、党員は革命の大事に関心を向け、批判精神を養い、マルクス主義的判断力を身につけていくことができる。こうしてこそ党組織は、全党の力を結集して比較的に正しいプロレタリア的政策を採ることができ、また誤りを犯してもそれをより早期に発見し是正することが可能となる。

スターリン派の支配下では、党員はものが言えず、ものも言わなくなった。革命の大事に関心を向けさせず、また向けなくなった。

分派禁止の恒久化

レーニンの分派禁止令はいささかも党内矛盾の解決に功を奉しなかった。それどころかスターリン派による党内革命派抑圧のための強力な武器となった。自らに反対する勢力を抑圧し追放する手段として、これほど有効かつ強力な武器はなかった。自らは積極的に党内分派の形成を推進しながら、他方で反対派にたいしては分派禁止令をもって恫喝し、その活動を封じるのがスターリン派の常套手段であった。

分派禁止令は、トロツキーの手足を縛りその全党へ影響力を封じるうえで有効な手段となった。党内闘争のもっとも重要な時期にトロツキーは身動きできなかった。

中央委員会宛意見書でトロツキーは、次のように述べている。

「政治局のなかに別の政治局が存在し、中央委員会のなかに別の中央委員会が存在するため、この分派主義的討議から私は排除された。私は情報を他の中央委員に知らせるすべをもたなかった。それゆえ私に残されたのはこの手段だけだった」（『トロツキー新路線』柘植書房）

「私は中央委員会の間にあった意見の相違について、一度もそれを党内の同志に知らせたことはない。同志たちを集めたり、グループや分派を組織しようとしたこともない。トロツキーに積極的な不信をもたないもの全員を『トロツキスト』とみなすという書記局の政策を遂行していたのが、同志クイプイシェフであった……同志クイプイシェフとヤロスラスキーが中央統制委員会のなかにあって、その活動を指導しているのである……私は言いたい。諸君はこの闘争のなかで、中央統制委員会を中央委員会の道具にしてしまった、と。諸君は、中央統制委員会を創設した時の基礎にあったウラジミール・イソイッチの思想を歪めてしまった」（同右）

党内民主主義の抑圧による党の憂うべき状況を告発し、分派禁止令の廃止を要求した四六人組の声明は、トロツキーと同様に分派禁止令に触れるとして譴責された。進退きわまったトロツキーは党内反対派の結集に踏み切るが、しかしその時はすでにスターリン派の党支配体制は揺るがせないものとなっていた。

一九二七年の一〇月革命記念日に、党内反対派は「レーニンの遺言を実行せよ！」等のプラカードを掲げてデモ行進を敢行する。それは党内反対派の最後的な公然活動であった。スターリン派は、これを分派活動としてトロツキーをはじめ党内反対派の除名・追放を断行する。

スターリン政治体制下では、支配的分派のみが存在でき、これに反対する者は存在が許されなかった。これに従順な者だけが生き残る可能性をもちえたが、一五回大会で反対派追放に賛成した人々の多くも後に粛清の対象となった。一枚岩の党の内実とはこのようなものだった。他方で、党内反対派の追放と並行してかつてのエス・エルやメンシェヴィキのボリシェヴィキ党への流人がみられる。スターリン派に忠誠であれば思想・信条は問われなかったのである。

選挙制の形骸化と任命制

第一一回党大会で党書記長に就任したスターリンは、きわめて短期間に権力を集中していった。

その主要な手段として用いられたのは任命制であった。任命制は内戦期に緊急手段としてとられ、第一〇回党大会でその弊害が指摘されたが、スターリンは任命制の威力を見逃さなかった。スターリンは組織部、書記局の権限を利用して自派分子を地方書記に任命し、革命的分子を重要部署から次々に駆逐していった。

スターリンの元秘書、バジャーノフは、その実態を次のように語っている。

「スターリンとモロトフは組織局の構成をできるだけ狭くする――党組織を自派の人間だけで――ことに関心をもっていた。問題は組織局がスターリンにとって巨大な重要性をもつ活動を遂行していることにある。組織局は党の活動家を選抜し、配置する——第一には一般にあらゆる官庁のために、これは割に重要ではない。第二には党機構のすべての活動家——県、州、地方の党組織の書記や主要役員を選抜し、配置する。これはきわめて重要なことである。というのは、このことがやがて党大会での多数票をスターリンに保証するし、このことが権力獲得のための主要な条件であるからだ。そうした活動がきわめて精力的なテンポですすめられる。より高い政治の雲のなかを泳いでいるトロツキーやジノヴィエフやカーメネフは、不思議なことにそれに特に注意を払わない。そのことの重大さを悟るのはもう手遅れになってからである……スターリンが書記長に任命されるとともに、組織局はかれが自派の人間を選抜し、そうやって地方のすべての党組織を占拠するための主な道具となっていく」

一九二三年四月第一二回党大会の時期に党機構にどのような変化が現れていたかについて、トロツキーは次のような特徴をあげている。

「本質的にはまさに第一二回党大会前に形作られ、大会の後に完全に強化され完成形態を与えられた体制は、戦時共産主義のもっとも厳しい時期の体制よりも著しく労働者民主主義から遠ざかったものである。党機構の官僚主義化は書記の選任の方法の適用を通じて前代未聞の大きさに達した」（『トロツキー新路線』）

「地方の委員会の書記を任命する習慣は現在では常習となっている。そのことは、本質的に地方組織から独立した地位を書記たちにもたらす。反対や批判や抗議が起こると、書記は中央

の助けをかりて、その反対者を容易に配置換えすることができる」（同右）

「国家や党の機構に属するきわめて広大な党活動家層がつくり出されたが、かれらは書記階層が党の見解を形作り党の決定をくだす本来の機構であると信じているかのように、自らの政治的意見を公然と表明したりするという考えを、まったく放棄してしまっている。自分自身の意見をもつことをひかえるこの層の下に、党員大衆の広い層が横たわり、如何なる決定もかれらにとっては召喚状、あるいは命令の形で存在している」（同右）

選挙制と解任制は党内民主主義に欠かせない重要な要素だが、スターリン派はこれを形骸化し任命制にとって替えていった。一九二三年の第一二回党大会に向けてスターリン派は選挙工作をおこなったが、それでもまだ党内反対派は参加していた。しかし短期間にその余地は奪われていった。二七年の第一五回大会時には、党内反対派が大会に参加できる途はほとんど閉ざされていた。それは下級組織にいたるまでの選挙制の形骸化の進行を示していた。

代行制の進行と中央集権的・位階制的党機構の完成

党内民主主義の圧殺によって形成されていった中央集権的党機構では、必然的に代行制が進行した。

党の最高決議機関であった党大会を中央委員会が代行するようになった。中央委員会が臨時的に党大会の権限を代行するという第一〇回党大会のレーニン提案は、スターリン下では次第に常態となった。第一五回党大会はすでにスターリン翼賛会の態を呈していたが、その後党大会は次第に開かれなくなった。

党大会を代行した中央委員会にたいしては今度は政治局がこれを代行し、次には、政治局にたいして書記局がこれを代行するという事態が進行した。そして最終的に頂点にある書記長が全党を代行し、党の頭上に君臨する次第となった。かつてレーニンの中央集権主義的党組織論への警鐘としてトロツキーが指摘した代行制問題は、スターリン政治体制とその組織路線下で怪物のように出現した。スターリン個人独裁と個人崇拝現象は、いささかも偶然的産物ではなかった。それは中央集権主義組織路線の必然の産物だった。

党内における代行主義の進行は、同時に、党によるプロレタリアートの代行、プロレタリアート独裁権力の代行という事態を進行させた。党内の代行制が党内労働者民主主義を圧殺することによって進行したとすれば、党によるプロレタリアート独裁の代行はソヴィエト民主主義の形骸化、圧殺とともに進行した。党官僚は多く国家官僚を兼任し、党がプロレタリア権力を支配し代行するようになった。そして、それはまたプロレタリアートにたいする党の独裁という事態の進行を意味した。

ボリシェヴィキ党内におけるスターリン派の指導権さん奪は党の変質を意味したが、それは同時にソヴィエト権力の変質を伴うことになった。

以上において、ボリシェヴィキ党組織路線の変遷とスターリン主義組織路線の形成過程の概要をみた。

上意下達、官僚主義、一枚岩、一党制、分派禁止、批判の自由と公開制の抑圧、選挙制と解任制の形骸化、党員の自主性と自立性の抑圧、つまるところ党内労働者民主主義の抑圧・排除。これらの諸特徴にみられるスターリン主義党組織路線はプロレタリア政党を窒息させずにはおかなかった。

「民主主義的中央集権主義」を標榜したスターリン主義組織路線の本質は、中央集権主義にあり、この組織路線を採った国々の党組織はことごとく窒息し変質していった。中国革命を導いた中国共産党もボリシェヴィキ党と類似の運命を避けられなかった。これらは痛烈な歴史的教訓ではなかろうか。

レーニンは二〇世紀を代表する革命的マルクス主義者だが、こと党組織論に関しては重大な弱点と誤りがあった。その弱点はスターリン派によって極限にまで昇華された。

歴史の経験は、われわれにプロレタリア政党の組織路線の重要性を思い知らせる。それはプロレタリア革命の成敗とその前途にもかかわってくるだけに、その正負の教訓から学びとることなしには、今後のプロレタリア政党建設とプロレタリア革命の前進はありえないと思われる。

第3章　ローザ・ルクセンブルクの中央集権制批判と二一世紀の党論

生田あい

はじめに

党組織論というものは、党論を書かなければ革命運動の発展、主体形成が立ちゆかないという切迫した状況との関係において、初めて本格的に形成される。

一九世紀の四八年革命とマルクスの時代、二〇世紀に入ってのロシア革命とレーニンやローザの時代もそうである。

同じ切迫した状況にあるとはいえ、彼らの時代とわたしたちは根本的事情が異っている。「二〇世紀社会主義」の崩壊と連動した新旧左翼の崩壊期にある現在、最早レーニン・モデルもローザの先駆的問題提起さえもが、さらにはマルクス『共産党宣言』をも歴史的対象として批判的に継承し、乗り越えていかねばならない時代である。

現代世界は、資本のグローバリゼイションと世界の貧しき民衆のアメリカ帝国を基軸とする多国籍資本との闘いのせめぎあいの時代に入っている。そこでの帰趨は、これらの民衆がいかにして「もうひとつの世界」への新たな理念とヴィジョンをもった革命主体に自らを生成しうるかにかかっている。それは「世界社会フォーラム」の流れにみるように、新しい左翼と新しいグローバルな文明へのプロセスがすでに始まっていることをしめしている。それ故に、この前人未踏の闘いを、世界の動きに比べればひとり低迷を打ち破れずにいるここ日本において担い、新しい時代の新しい革命運動の発展とその主体形成に資するための新しい党組織論の形成が、左翼の解体的再生をかけたわたしたちの切迫した課題となっている。

結論からいえば、現在のわたしは、これまでの古い型の「民主的中央集権主義の唯一前衛党観」と訣別し、「構成員主権、分権・自治の民主制、協同・直接民主主義、公開性」の組織原則をもつ、二一世紀現代の解放組織をめざして、新しい歩みを始めようとしている。

中央集権主義の唯一前衛党観と訣別する——こう一言で言い、紙に書くことは出来ても「二〇世紀社会主義」と一緒に水を飲むようにこれを飲みこんで、血肉化したこの党組織観と訣別し、その呪縛や残滓と闘うことは、想いの他やっかいであった。

ましてや、それに代わるオルタナティヴとしての新たな組織原則を確立し、実行することは、いうまでもない。

今、その課題に挑戦しつつ、共同して本書を世に問うにあたり、わたしはローザ組織論の再検討を手がかりにそれを考えることを分担した。そこに入る前に、わたしの原点・出発点ともいえる党論に関わる自らの挫折の自己検証からこの小論を始めたい。

1　「中央政治局の壁」の前で

ブント内での党変革の闘い

「痛恨にも、女性同盟員の全てにとって（同盟を離脱していった同志を含めて）、プロレタリア革命に対する確信と革命党——共産主義者同盟建設を担ってきたこの共産同十数年の歴史は、（中略）文字通り数かぎりない汚辱と恥辱にみちた、差別と屈服の歴史であった。

私達の多くの同志によって、女性解放をめざした闘いが、幾度となく試みられ、提起され要求され、それは国際・日本階級闘争の前進と共に、日を追って増してきた。しかしわが同盟政治局——中央委員会は、血の滲んだ、女性同志の党建設の苦闘から発せられる絶叫を、はりさけるような提起を、中央委員会の名をもって踏みにじり、打ち砕き、封殺し、一切の差別の結果を全て当の女性同志の肩に負わせ、そのプロレタリア的献身と忍耐の生血を吸って成立してきた。

私達の怒りも極点に達した。——『共産主義者』の腐敗を断ち切る以外に、どのような再生があったであろうか。（中略）一年に及ぶT糾弾——全国委糾弾の前進は、必然的に悪質な女性差別を温存・助長してきた『共産主義者同盟』自身の根本――綱領的基礎及び、プロレタリア階級解放の内実を問い、『党の革命――党の根本的つくりかえ』に至ったのである」（『声明』、共産主義者同盟全国委員会〔ボルシェビキ〕女性解放委員会、一九七五年五月一五日、生田出筆）

一九七四年、わたしの所属していた共産主義者同盟（全国委員会）の関西地方委員会の内部より、二名の女性同盟員が起ち上がり、指導幹部の悪質な強姦事件と女性差別を告発・糾弾し、一年に及ぶ同盟周辺の女性たちも加わっての「T女性差別糾弾闘争」が始まった。

冒頭の引用は、その「第九回糾弾会」が同盟員大衆総会に転じ、同盟全国委の崩壊と破産を確認・宣告し、同盟の総括と再生への出発を確認したところでの女性たちの『声明』である。わたしの「党の革命――党のつくりかえ」の出発点、原点である。初めて権力的抑圧装置と成り果てていた「中央政治局の壁」とぶつかり、傷つき、本物の党・解放組織をつくる決意をしたという意味で。

以来、三〇年余が経過している。

「党の革命」の限界

今日、はっきりさせておくことが必要だと思われるのは、当時の「党の革命」の問題意識の根底にあったわたしの党組織論上の限界である。

わたしは、その辺のところを『検証　内ゲバ』（PART1）ではこう書いた。

「わたしは『党の革命』として『内部告発』をし、一年間にわたって闘い続けたにもかかわらず、六八年世界反乱以降の新しい社会運動の流れの中に、この闘いを十分社会化できずに、ブント内部の分派・総括論争の枠内とその内容の抽象性に集約させてしまったその不十分さに、歯ぎしりする想いで、自らを問わねばならなかった。……その根底には、『党への物神崇拝』がその七〇年代半ばのわたしをとらえていたといえる」（『検証　内ゲバ』〔PART1〕社会批評社刊）

ここで言いたかった「党への物神崇拝」といった意味は二つある。

一つには、党と大衆闘争、社会運動の関係に関わる問題である。つまり、この時の同盟内女性たちの決起は、客観的・時代的背景からすれば、一九六八年世界反乱の大きな流れの中心の一つを形成したフェミニズムの台頭の組織内への反映である。日本において民族差別との闘いや部落解放など反差別闘争の高揚と連動し、その大衆闘争の発展の中で、時代の申し子でもあった女性たちは、そこから学び、触発もされ、コミュニストであると同時に女性としての自己のアイデンティティーに目覚めたがゆえの同盟内決起であったからである。であればこそ、それは七〇年安保闘争の敗北以来、「連赤事件」に象徴された新左翼の破産の根本的総括を深め、世界的なその後の社会運動の一翼として、またそれを担いうる解放組織へ、解体的再生に至る時代的契機をつかんでいたといえる。

しかし、わたしは「党をつくりかえる」を、これら社会運動の新しい波の中に社会化して開いていくことができず、ブント分派内部の総括論争に集約することを許し、それらと切断されたところで考え、実践していくことになった。確かにそこでは、この闘いを契機とした「内ゲバ」に決定的には規定されていた。

しかしそこにのみ問題を還元していいだろうか。何故この切断を許したのだろうか。わたしは長い間自問してきた。厳しく言えば、ここには前衛党を絶対視し、その生命の源泉である大衆闘争・社会運動の上位に、「党」をおく考え方が色濃く刻印されていたと言わねばならない。その結果、大衆からの切断、遊離であった。

二つには、その問題は「党の革命」を主張したわたしの「党組織観」の限界の問題と背中合わせであったということである。

T糾弾闘争から同盟中央委・政治局という党の権力装置との闘いの過程では、じつに様々な闘争の圧殺と懐柔のための抑圧装置や抑圧政策が上から動員された。「強姦」という女性を物としかみない組織的犯罪や戦前の「ハウス・キーパー制」にも通じる党内家父長制の下での日常的性別役割分担などの女性差別システムを頂点に、決起した女性への「小ブル主義」「解党主義」のレッテル貼り、女性独自の会議や女性解放委員会の発足や指導部への同盟内批判・糾弾の禁止（女性の自己決定権の否定――党員の主権の否定）、分派の禁止、男性が占有する政治局による「女性解放」の名による「女性への打ち鍛え理論」の強要にみる理論と真理の独占、生田への密室における査問と一方的除名、言論圧殺、挙げ句の果ての内ゲバ……。そこにはソ連邦において、鉄の規律の民主的中央主権制の唯一前衛党のもとでおこなわれた、被抑圧民族出身の党員大衆に対する抑圧と支配に象徴された全く同じ組織原理が、抑圧機構として、「中央政治局の壁」として縮小再生産しつつわたしたちの前に立ちはだかっていた。

にもかかわらずわたしたちは、綱領問題における女性解放の総括には直ちに着手したが、わたしたちが闘った同盟中央政治局の構成員への抑圧のシステムの根本にある中央集権制の唯一前衛党の党観と組織原理への問題意識とその批判にまで至らなかった。

なぜか？

それは、わたしたち自身が、「民主的中央集権制の唯一前衛党観」の呪縛の中にあったからと言わねばならない。はっきりといえば、民主的中央集権主義の唯一前衛党観の同盟を解体的に再生しようとした「党の革命」を、結局同じ党観・組織原理の土俵の上で考えていたといえる。

中央集権制による女性たちへの抑圧性

こうしたわたしの限界が、一方では同じ党組織原理の下での戦前・戦後の「ハウス・キーパー制」に苦しんだ女性コミュニストたちの問題にまで連なる日本共産党史全体をさし貫く射程距離の中に、「党の革命」を設定するまでに至らなかった限界の根拠に。同時にまた他方では、同じ七〇年代半ばに同じ問題を告発したアメリカのハートマンらの提起を機に日本にも及ぶその後の第二波フェミニズムの世界的流れや、新しい社会運動の潮の中に、新左翼の「党の革命」を開いていくその重要な好機を逃し、よって社会運動とコミュニズム運動との関係におけるダイナニズムを失っていったもう一つの限界の根拠となっている。

［註　この一九七〇年代半ばには、アメリカでわたしたちが闘ったと同じような問題をつき出したハイジ・ハートマンの「マルクス主義とフェミニズムの不幸な結婚」の初期草稿が公表され、「新左翼の革命運動組織の中の女性への抑圧と差別」が理論的に解明され提起され始め、女性たちの間に大きな論議となっていた。その論文集が日本では後の一九九一年一月になってやっと、同名の『マルクス主義とフェミニズムの不幸な結婚』（L・サージェント編、勁草書房刊）として公刊されている。その中に「戦略的には、

中央集権的な組織すべてを打ち壊すことを活動方針とする」ことが一部フェミニストから提言があったと書かれてあるが、正面きっての問題提起はない。」

そればかりではない。この限界は、決起した女性たちに次のような結果をもたらした。つまり、自ら初めて自己決定した総会決議にもより、一度は新組織の中央委の半分を構成することになりながら（党の事務所に共同保育所をつくってまで）、生活世界に存在していた女性コミュニストたちの殆んどが、結局「党の革命」から離れ、ハートマン風にいえば「マルクス主義との離婚」に至ることを余儀なくした。この点について、つい最近出版されたエルサルバドルの女性活動家たちの苦闘と同様に、どんなに個人が努力しようと、主体の自己決定・自己定義権を否定する中央集権制の原理と生活世界に生きる女性たちの生活・運動原理の矛盾は、その活動家を絶えず二つに引き裂いていくからである。それのみならず、自らのアイデンティティーに目覚めたがゆえに、当の女性にとっては、それはこれまで以上の新たな抑圧・桎梏とならざるをえず、党活動が「苦役」になるからである。それは、「党の革命」を放棄し、去っていった女性たちの一部には「なぜ党活動を貫きえなかったのか」、組織に残ったものには「なぜ彼女たちの苦悩をともに解決できないで、わたしだけが残ったのか」と、それぞれに自身をせめる内面の苦痛を人知れずもたらした。そうした意味で、この中央集権主義の「唯一前衛党」への物神崇拝の呪縛は、深い心理的傷を女性活動家たちにつけ、苛んできたのである。

［註　二〇〇三年九月、『女性のアイディンティティの再建をめざして』（拓殖書房新社刊）が刊行された。そこでエルサルバドル内戦の中の、左翼ゲリラや左翼政党内部での女性たちへの心の痛む性暴力、性的虐待について、また男性中心のシステムにおける性別役割分担の中で、女性たちが自己の女性としてのアイデンティティーを奪われてきた事実が告発されている。そして女性が自立した主体として立つためには、これら左翼政党と組織的関係を絶たねばならなかったこと、そこからの再生の活動がしるされている。しかし、ここでも党組織とフェミニズムの双方へ、女性のアイデンティティーを引き裂いていく党組織原理の根源への批判にまではふれられていない。］

今日からみれば、わたしたち女性コミュニストは、既存の男性中心の中央政治局の破産を宣告し、彼らを放逐し、新分派組織を起ち上げ中央委員会の半分を構成した時点で、綱領上の解放原理を問い置きなおすだけでなく、男性中心主義と一対の中央集権制の組織原理そのものを破壊し、それを生活・労働世界に根ざしたもう一つのもっと自由な解放的組織原理に置きなおしていくことを追求するべきであった。

今、わたしは痛恨の思いで、こう考える。

こうしたわたしの限界は、その後のブント内四分派統合で結成した共産主義同盟『赫旗』の規約に中央集権制の組織原理を明記しているように、八〇年代初めまで継続されている。その限界への自覚は、わたしにとっては、『赫旗』の破産から建党協議会、コム・未来へ、諸潮流と経験を異にする新しい人々との出会いの中で、人と人の間の横の関係において、異質な諸集団との対話や緊張をはらんだ分岐を経験し、内省するなかではっきりとしていった。決定的には、八九年~九一年の東欧革命――ソ連邦崩壊の本格的総括によって、それはゆるぎないものとなった（二〇〇一年『誤謬――共産党一党独裁批判』論創社刊）。

一九八〇年代後半から九〇年代の一時代、この総括の試行錯誤の過程で出会ったものが、ローザ・ルクセンブルクの「ロシア革命論」であり、「レーニン組織論批判」である。

2　現代に継承すべきローザ組織論

「二〇世紀社会主義」総括の核心と党論

ロシア革命に始まる「二〇世紀社会主義」総括の核心は、「社会主義・共産主義」の名のもとで、本来の社会の主人公であるプロレタリア階級・民衆になり代わって、共産主義者とその党が革命の創造物である大衆的自治権力を簒奪し、民衆を抑圧し、支配し、その民衆の上に君臨する「共産党一党独裁」問題に象徴されている、とわたしは考える。

この根底には、二〇世紀の「ロシア・パラダイム」といわれる革命プログラムの誤りがある。その中心内容は、「共産党を通じたプロレタリア独裁と生産手段の国家的所有」にあるといってよい。

これらのプログラムの誤りによる破綻から導かれる教訓は、次のことである。

マルクス的コミュニズム（協同社会・アソシエーション）は、国家・政治権力によって上から育成する道ではなく、「国家権力を自由な生産者自身に移す」ことによってしか、生成されない。つまり党・国家官僚・統制計画によって経済過程を上からコントロールする道は、結局、国家集権主義へ通じる。

「共産党一党独裁」に集中的に表現されている「二〇世紀社会主義」の破綻と誤りの反省と総括は、「ロシア・パラダイム」に貫かれた「国家・党（国家と癒着し、一体化した）中心の革命プログラム」との決別が必要である、ということに集約される。この政治的総括は、本来のプロレタリアの大衆的独裁が共産党一党独裁へすり替え、変造されていく際に、組織的槓杆となった党組織論上の限界・誤りの総括を不可欠とする。

それは、二つの点に集約できる。

一つは、「超」かより「民主主義」的であるかは別として、「中央集権主義」を本質とする組織原理の、しかもたった一つの「単一党」のシステムが、共産党と国家の癒着の是認と「共産党を通じたプロ独裁」論の誤りにもよって、結果として国家集権主義の政治・国家システムを形成していったこと。

二つには、帝政ロシアとの闘いの条件に規定された、ロシア的「中央集権制の唯一前衛党論」がコミンテルンを通じて唯一普遍的な党論として各国共産主義運動に強制されていったこと（拙書『誤謬』に詳しいので参照してほしい）。

こうした意味において、「二〇世紀社会主義」総括の教訓から、わたしはプログラム上の「国家・党中心の革命構想」との決別は、それと一対の「中央集権主義の唯一前衛党」観との決別にまで貫かれなければならない、と考える。

この問題を一〇〇年も前に、ドイツの監獄から訴えたのがローザ・ルクセンブルクである。

ローザのレーニン組織論批判

「無制限な出版、集会の自由、自由な論争がなければ、あらゆる公的制度の中の生活は萎え凋み、偽りの生活になり、そこには官僚制だけがのこる。（中略）つまり要するに同族政治なのだ。……独裁には違いないが、しかしプロレタリアートの独裁ではなく、一握りの政治家たちの独裁、つまり全くブルジョア的な意味での独裁なのである」「しかし独裁は階級の独裁であって、一党一派の独裁ではない。階級の独裁とは、もっと広く公開され、人民大衆がこの上無く活発、自由に参加する、何の制限もない民主主義のもとでの独裁である」（「ロシア革命論草稿」『ローザ・ルクセンブルク選集第四巻』現代思潮社）

一九一八年、ドイツのヴロンケ監獄で書かれ、ローザが虐殺されたあとの一九二一年にパウル・レヴィによってはじめて公表されたこの「草稿」におけるロシア一〇月革命にたいする熱烈な支持とレーニン、トロツキーらの誤りへの警告と批判は、その後のスターリン体制下の共産党一党独裁への変質と完成を見事に見抜いたものである。

ロシア革命を「偉大な歴史的実験」と称え、喜び、それが直面した困難を理解した上で、なおかつこれほど厳しく、これほど的確に、これほど国際主義の精神に満ちた同志的批判（革命家の暖かい心での）を、わたしは前にも後にも知らない。

この「草稿」に遡ること一〇数年前、ローザがレーニンの『一歩前進、二歩後退』を批判して「超・中央集権主義は、不毛な夜警根性によって支えられている」（「社会民主党の組織問題」一九〇四年）と喝破した党組織論上の批判こそ、上記のようなロシア一〇月社会主義革命の共産党一党独裁への政治的変質と帰結、それと党組織論との関連の問題を、ものの見事にその始源において予言した位置と意義をもつものである。

［註　レーニン組織論は一九〇五年から一七年へ、革命の発展段階に応じて変化している。それら全体についての詳細な検討は本論の主題ではない。本書では吉留論文が述べているので、それを参照してほしい。］

ローザの中央集権主義批判の根本原理を次に検討しよう。

「現実に革命的な労働者運動が現実の中でおこなう誤りは、歴史的には最上の『中央委員会』の完全無欠にくらべて、はかりしれぬほど実り豊かで、価値多い」（『ローザ・ルクセンブルク選集第一巻』）

この有名な結びの言葉で終わるローザのロシア社会民主党組織論批判の核心を一言で言えば、コミンテルンを通じて流布され、日本の新左翼・ブントの一分派にまで連綿と継承されてきた鉄の規律の下での中央集権主義の組織原理への根本的批判である。

この根本的批判は、今日からみても中央集権制の組織原理批判としての有効性をもって、鋭く輝きを放っている。

それを概括すれば、以下の四点である。

第一に、中央集権主義の根本原理を「活動的な革命家たちを、彼らを取り巻く、未組織ではあっても革命的・積極的な環境から、組織された軍団として、抽出・分離する」ことであり、他面では、「党の地方組織のあらゆる発現形態に中央機関の厳格な規律と、それの直接的な、断平とした決定的な関与を持ち込む」こと。こうしたやり方で、「最高の党判定機関・党大会の組成をも間接的に左右」し、その結果、「中央委員会が党の根源的な活動の核となり、残余の組織はすべて単に、それの実行の道具として現象する」と総括している。そのうえで、この根本原理は、一つは「皆に代わって考え作り出し決定するような一つの中央権力の下に、党組織の全てが、その活動のごく細部までを含めて、盲目的に服従すること」。ならびにもう一つは、「党の組織された中核をそれをとりまく環境からきびしく峻別する」という二つの原則によって党の中央集権を作り上げていく原理なのだとそのシステムの構成を説き明かす。

第二に、レーニンが「組織と規律の精神において自己教育を」と強調したのにたいして、「あまりに機械的な見解」であるとし、「ブルジョアジーの手から一つの社会民主主義的中央委員会の手へと指揮棒をおきかえることによってではなく、この奴隷的な規律精神を打破し、根絶することによって、はじめて、プロレタリアは、新しい規律――社会民主党の自発的な自己規律へと、教育されうる」と対置する。

さらに第三は、レーニンが労働者運動の中の日和見主義と闘うことを理由に「官僚主義肯定の規約」に意味付与したことにたいして、「超・中央集権主義的な見解の全根本思想は、日和見主義を一片の党規約によって労働者階級から遠ざけようとすることで、その頂点に達する」とこれを「誤った思想」として否定した。

第四に、「大衆ストライキ・党および労働組合」などにおいて「労働組合を伝導帯に矮小化してはならない」と展開したように、諸大衆組織・大衆運動の自立にたいする、後の「伝導ベルト」論批判に通じる党の指導という名の引き回しへの批判と否定。

ローザは言う。「社会民主主義運動はまさに一個の大衆運動であり、それをおびやかす暗礁は、人間の頭からではなく、社会的諸条件から発生してくるものであるがゆえに、予め防ぐことはできない、と。「組織規約のあれこれの適用によって禁圧」するような「試みは、党内で健康な生命の躍動を妨げ、それによって、闘争における抵抗力を、日和見主義諸潮流」だけでなく「既存の社会秩序にたいしても弱めるのである。手段が目的に刃向うのである」と。見事である。

この節の冒頭にみたように、超・中央集権主義の原理のボリシェヴィキ・レーニン党は、この批判から一〇数年後には、手段が目的に刃向い、のみならず転倒し、後に革命大衆の上に共産党が君臨する道を歩むに至ったのである。

ローザの党論の核心

ローザは、レーニンの党観・組織原則に自らの党論の核心を対置していく。「社会民主党は、労働者の組織と結合されているのではなく、労働者階級それ自身の運動なのである」とはっきりさせ、「党の個々の組織には、行動の自由が必要なのであり、その自由のみが、――あらゆる手段を闘争の高揚のために駆使し、革命的イニシャチィーブの展開を可能にする」。いわく、党活動の統制でなく結実を、制限ではなく展開を、運動の締め上げではなく結集をと。そして、社会民主主義的組織の型の一般的理解から導きだされるものは「組織の精神」であり、それは、「社会民主主義的中央集権主義の、杓子定規な排他的性格でなく、協同的包括的性格を条件づけるのである」と。

このローザの中央集権制批判にたいして、一方で経済主義、自然成長主義の偏見、他方でローザも中央集権主義を否定していないという非難と論争がある。確かに、ローザはこの時点で中央集権制一般を否定していないという歴史的限界をもっている。

しかし、ここでの問題の核心は、社会運動である革命と主人公、そして党の関係における問題のたて方における根本思想の意義である。ローザが「分離と結合」でなく「社会民主主義は労働者階級自身の運動である」と言うとき、そこにはだからこそ問題は党組織が、その労働者の自己決定による自立・自律と直接代表制や自由な行動によって、その自治と自主管理とを実現していくような非官僚主義的な組織でなければならないとした組織思想が重要なのだと、わたしは考える。

つまり、『共産党宣言』における「一人一人の自由な発展が全ての人々の自由な発展の条件となるような、自由で自立した諸個人の協同社会（アソシエーション）」というマルクスのコミュニズムの見地と、「党はプロレタリアートの一部分」であるという地平から考えると、党の役割は、過渡期において社会革命の主人公たる生産者大衆とその自治権力とが切り離されないように、生産（消費）における協働関係を土台とする社会の下から、生産者大衆一人一人の、協働関係の中に育まれる「固有の力」（人間の類的力）を発見し、解放し、その人々のなかに形成される新しい協同民主主義の発展のために闘うものである。この生産者大衆の「固有の力」の発見・開花・成長こそが社会革命の生命の源泉なのである。

このようにみれば、中央集権制の組織原理によって抑圧者に変じ、凶器に転じたスターリン主義型共産党による一党一派の独裁がなぜ誤っているのか、そのことがはっきりする。その決定的問題は、スターリン主義型共産党が生産者大衆とその自治権力を切り離し、党が生産者大衆を代位し、国家になり、この国家の武装力を党内外の反対意見を弾圧するものに転化し、新しい協同民主主義の発揚を抑え、この革命の源泉である生産者諸個人大衆の「固有の力」の解放を抑え、眠り込ませせいくことにある。まさにそれは、共産主義の名で共産主義を否定し、プロレタリアートの社会革命の敵対物とならざるをえないのである。

レーニン批判を通じて、ローザが展開している党観、党組織論のイメージは、マルクスの『共産党宣言』、その後のマルクスの筆になった「第一インター規約前文」の「労働者階級の解放事業は労働者階級自身の事業である」の基本精神に連なるものである。

「自由とはつねに別の考え方をもつものの自由のことにほかならない」「再生への道は、公共生活そのものという学校、無制限の、もっと広範な民主主義、世論である」（前掲書）

当時の水準で言えば、度肝をぬくこうした思想をもった二〇世紀におけるローザの中央集権制の組織論批判と、その背骨を支える革命論のもつ先駆的意義からわたしたちは、多くを学ぶことができる。

ローザの協同的包括的な党組織の具体像

ローザは、ドイツ革命との関係でどんな党組織論を構想したのだろうか。残念ながら、マルクスと同様に、レーニンのような独自の組織論は遺してはいない。

その点について、加藤哲郎氏によって、その思想を反映したものとして以下のような特徴をもった類型が紹介されている（『ソ連邦崩壊と社会主義』花伝社刊）。

いわく、「一九世紀社会主義の組織原理」を、「友愛的平等型、陰謀的集権型、集権的平等型、契約的分権型」の「四つの類型」にわけ、その上に加えて、「二〇世紀の類型」として、「官僚的集権型、軍事的集権型、連合的分権型」の三つを付け加えている。ローザの思想の現れたものとしては、ローザが創設者の一人となった一九一九年のドイツ共産党（ＫＰＤ）創立大会で、ローザが綱領問題を報告したおりのエーベルラインの報告した「組織報告」に表現されている、と。

その特徴は、前掲書によれば以下のようである。

①「官僚的選挙同盟でなく、経営中心の政治行動組織」。

②経営、住区組織の「完全な自立性」。
③中央指導部の任務は、「精神的政治指導の総括」に限る。
④地方機関紙に中央が規制してはならない。
⑤規約は、短く簡潔で、地方の最大限の自由を保障する。つまり、「分権」的であり、党自体を自立的経営・住区組織の「連合」として構想。

［註　規約としては、ローザの虐殺後の二回大会で具体化された。］

しかし、ローザの組織思想の反映とみなされるこうした組織原理の規約も、KPDがコミンテルンに合流し、「加入二一カ条」を受け入れ、何度かの規約改正を経て、決定的には一九二三年のドイツ一〇月闘争の敗北を契機に、「分派や潮流、グループの存在を許さない、単一の魂に鋳られた一枚岩の中央集権制」の「コミンテルン模範規約（一九二五年）」にそったKPD規約へと再編されていった。

同時に、ローザの「中央集権制の組織原理批判」は、その死の直前に書かれた「ロシア革命論草稿」が、レーニン死後のスターリン体制下の国際共産主義運動のなかで異端として「禁書」の扱いになったことと連動して、「ローザ・ルクセンブルク主義」として、トロツキズムとともに、長きにわたって黙殺・排除されてきたのである（伊藤成彦氏によれば、これが日の目をみたのは、一九七四年のことだといわれる）。

ローザの「中央集権制批判」は、その思想の影響下にある組織論のイメージもふくめて、「中央集権制の党組織観」と決別し、先進資本主義国における二一世紀の党解放組織論を模索する上で、わたしたちにとっても旧来の「コミンテルン型」「ロシア・モデル」を超える重要な手がかりを与えている。

［註　ローザの組織思想を源とする流れとその影響は、一九八九年東欧革命の際の「フォーラム型組織論」に、その後のドイツ民主的社会主義党の規約などに、あるいは現在の「世界社会フォーラム」への巨大な奔流のなかにあらわれ注ぎ込んでいるとみることもできる（加藤前掲書参照）。］

わたしたちは、世界史の長期にわたる階級闘争と革命の経験が残した教訓、時代の求めるものに応じて疾走したコミュニストたちの闘いの伝統、おびただしい犠牲と血で書かれ遺されたもの、それらを誠実かつ批判的に受け継ぐべきであろうと思う。

3　コミュニズムの理念（原理）と党観

最後に、中央集権制の唯一前衛党の組織原理に代わる党解放組織について、いくつかの私見を提示しておきたい。しかしここで問題にしようとしているのは、党についての思想であり、具体的な革命戦略に対応する組織路線や当面する組織方針ではない。もちろん、そうした方針・政策が必要だと思っているが、ここではそれらを原理的に規定するもの、つまりおおまかな党・組織観（思想）についてである。

党論・党観の前提的なことがら

わたしたちがめざすのは、マルクス的コミュニズムの理念・ヴィジョンによる社会・政治・文化革命と、そのための推進力たる二一世紀の党解放組織である。それは、言い方を代えれば現代資本主義といかに闘うかの一筋の道である。その一筋の道において、闘いとり実現すべき内容と、闘うための組織という二つのことである。そうした意味において、わたしたちにとって、めざすべきコミュニズム論と党論とは、一つのことがらの表と裏であって、決して別々の二つのことではない。
前節でわたしのささやかな経験や、ローザを介してみたように、民衆の解放を口にしたものがじつは民衆の敵になり、大衆の怨嗟や憎悪の対象にまで成り下がってしまった二〇世紀の深刻な歴史的事実によって、「社会主義・共産主義」や「共産党」という看板は、すでに本来の意味を失っている。しかも現代資本主義は、レーニンやローザが相対したそれとは、大きく変容をとげている。

だからこそ、現代資本主義と闘うためには、一方での現代資本主義批判としてのコミュニズムと他方での党論の再検討と再構築という、二つにして一つの力に余る課題に、わたしたちは取り組まねばならなかった。こうした問題意識からわたしは、前者の課題については、集団的協働作業に取り組み、『新コミュニスト宣言』（社会批評社）刊行をもってひとつの試論を公としてきた。残るもうひとつの党論の再構築は、当然その試論としてのコミュニズムの理念（原理）に深く関連していかざるをえない。だから、二一世紀の党解放組織論を規定する現代資本主義批判としてのコミュニズムの原理を、二〇世紀の経験の歴史的総括を踏まえて、わたしはどう考えるのか、その核心をまずはっきりさせておかねばならない。

新コミュニズムの七つの理念（原理）と過渡期の社会革命

『新コミュニスト宣言』において、わたしたちは、この二〇〇〇年の社会主義運動の総括にたって、現代資本主義を具体的に分析し、批判することを方法として、「リゾーム状」の新しい世界史的主体「現代のプロレタリア（マルチチュード）」の登場をはっきりとさせ、資本制社会とそのブルジョア文明の原理・価値の対極に、マルクス的コミュニズムの原理・価値目標を、わたしたちのめざす未来への理念（原理）として提示している（前掲書参照）。

わたしたちの志向するコミュニズムについて、要約すれば以下の七つの原理である――

①資本制社会の現実、現在の状態を全面的に廃絶し、変革してゆく生産者大衆（現代のプロレタリア・マルチチュード）の自己解放としての現実的・実践的運動である。

②それは商品・貨幣・資本関係の廃絶であり、階級の廃止、国家・権力・支配関係の死滅である。

③こうした資本と国家を廃絶していく運動をもって、人々（男女・諸民族）が自由で自立した人間存在に変わり、その生のあり方の差異や多様性を（障害の有無を含めて）差別や抑圧の根拠としない、「一人一人の諸個人の自由な発展が万人の自由な発展の条件となるよう

な協同社会（アソシエーション）」を実現すること。

④この自由で平等な生産者のアソシエーションの自由な発展と、地球環境のエコロジーとが、つまり自然と人間の調和する社会編成のあり方を実現する。

⑤社会的諸個人としての生産者大衆が、生産（消費）など生活世界で、自律した主体として立ち、協同的知性を獲得し、自己の価値に目覚め、互いをなくてはならない協働相手とみとめ、万般のことを合議し、責任を取り合い、社会を下から自己構成し自治していくその「固有の類的力」の開花・成長に、政治的――人間的解放を求める。

⑥労働を自発的で喜びに満ちた「仕事・活動」へ自由時間を通じて解放し、他者を手段でなく目的とする人間の人間としての自己回復と解放をめざす倫理的精神的価値。

⑦戦争と虐殺、地球と人類の破壊の資本主義の文明的野蛮に代わる、「生命をたたえ、多様性をたたえる」生命中心主義の文明・生活様式への、人類文明史の一大転換の構想――。

この高次のコミュニズムの実現に向かう「協同組合的社会」形成とその運動過程（世界的規模の協同・環境・倫理的原理の継続革命過程）である過渡期の社会革命のヴィジョンの要を、第一に現代の新しい「プロレタリア（マルチチュード）」の自己解放・自己革命の大衆運動におき、わたしたちがめざす協同社会の質と水準は、この大衆自身の自己革命的な主体形成と成熟の度合いと質に規定されるとしたのである。

それは、資本主義的生産・所有を「協同関係と生産協同組合など諸組織」とその編成によって形成されていく「協同組合的社会の所有」へ、賃金奴隷労働を協同労働へと変え、国家・権力・権力関係を、下からの地域的協同的自治諸組織の全国的「連合体」へ移行させ、参加・協同民主主義の徹底・高次化・制度化を追求して、民衆の自己決定と自律、自治の徹底と実現をはかっていく過渡期の社会革命全体に貫く要諦である。

党の必要とその性格・役割は、これらの理念と社会革命の構想と課題が規定する。

党観・解放組織についての思想と組織原理

①なぜ党解放組織は必要か。

わたしは、本論の冒頭に、「中央集権制の唯一前衛党論と決別する」と書いた。そしてなぜ決別しなければならないかについても、明らかにした。わたしは、独善的な神聖党観、共産党絶対視論、いわゆる「前衛党」論は無用である、と思っている。しかしそのことは、革命のための党解放組織が、無用であるとか、これを否定することを意味しない。

どんなときも、巨大な歴史的変化の原動力は、民衆であり、民衆がうねりをなして行動するとき、歴史は前進する。しかし、歴史を動かす原動力と、この闘いの方向性をはっきりさせ、それを社会革命にまで転じ推進していく推進力とはおのずから異なる。

今日、資本のグローバリゼイションは、世界的危機とともにその内部に資本主義システムにとって代わる新たな社会への客観的・主体的可能性を、つくりだしている。

それは、企業・信用システムの劇的変容のみならず、地球上の社会的生活条件を根本的に作り変え、新たなネットワーク社会（多種多様な分権的・自律的な「自己表出」の自空間と共に）をつくりだし、人々のコミュニケーション上の双方向の水平的・同権的・直接的関係を形成しつつある。まさに資本制始まって以来の、本来の世界史的主体たる「プロレタリアート」「マルチチュード（民衆）」の潜在的形成の始まりである。この新しい世界史的主体は、これまでの伝統的な主体とは異なり、「リゾーム状の主体」として絶えず「ずれ」を生じ、絶えず再編され、流動・流離する主体である。

わたしは、未来への希望を、この新時代の「リゾーム状の主体」が、資本主義的価値から自由になり、自ら階級形成し、生産と消費の、民主主義の新しい様式を国境を越えてつくりだし、地球と人間の「生と生活様式」のモデル転換への道を開くことに見出している。

資本の暴走がもたらす人類の共滅への道を阻むことが出来るのは、これら主体の自己解放の社会的自己形成とその闘いにかかっている。

だから支配階級がその党を先頭に、国家を握り、生産者民衆を支配・抑圧し、搾取・収奪しているとき、生産者大衆は無防備で無組織でいることはできない。資本と国家と闘い、資本主義のくびきから自己を解放していくこれらの現代のプロレタリア・マルチチュードの大衆運動が、その一部分でありながら、その利害の対立を調整し、その目標や方向をはっきりとし、資本と国家の廃絶、協同社会の実現にむけて推進する「推進力」を必要とする。またその協同性において行動、思考、人間関係の享受における諸個人の内面的解放をもって自己実現を助け、その「固有の力」を開花させ、自律・自治していくその過程全体を論議し、調整し、組織するものを必要とする。コミュニストとは、自らその必要を自覚し、自己解放の闘いにたつ現代の歴史創造者たちとともに、代表するのでないその自己構成する活動の意識的な担い手、コミュニズムへの長征の担い手となるものである。

ここが、党論の出発点である。

②党解放組織の性格

二一世紀の党解放組織は、マルクス的コミュニズムの志で結ばれ、二〇世紀社会主義の「国家中心のパラダイム」と一対の「国家になる国家的性格」の党でなく、「社会的性格」（協同的包括的性格）をもつ任意の結社、協同的結合体である。この「党」は、自立した大衆の自律により、一切の階級独裁、国家の死滅とともに、党もまた消滅することを初めから自覚した組織でなければならない。

過渡期における「共産党一党独裁」の歴史的経験からすれば、「社会的性格の党」は、生産者大衆の一部分としてその内部にあって意識的に闘うが、「国家」権力と癒着・一体化せず、権力を貪らず、大衆を代行せず、組織的存在としては不断に「在野」にあって、革命の継続の道を進むことを最初から自覚し、明示しておく必要がある。

これは、革命後の党のあり方で、現在から、そんなことを規定しなくてもよいと言う意見があるかしれない。しかし、この問題は、その「党」の体質の問題として、現在の問題としても存在するものと、考える。すでにのべたように、唯一前衛党観を否定することは、党と国家権力との癒着や、党のみが真理の体現者と考えたり、上から大衆に善政を施す姿勢、大衆に替わって政治をする姿勢をふくめて問うべき思想的問題であるからである。

③党解放組織の主人公はだれか（構成員主権）

コミュニズムにおける自己解放の原理が、その一部であり、その推進力たらんとするコミュニストたちの党解放組織に、その主人公が組織の構成員一人一人であり、その構成員主権をはっきりさせ、その自己決定と自治の原理で運営されねばならないことを、おのずから規定する。中央集権制の組織原理は、判断主体、認識主体、行為主体としての構成員の自己決定権を否定し、奪い、自分で物を考え、自主判断できない人の集団を形成した。結果として、党活動は構成員にとって「苦役」に転じていった。この総括から、自己決定と構成員主権の原理が重要である。この観点は、大会の重視やそれに関わる問題、中央部の役割の限定、地方組織の分権・

自治などの根拠となる。

④党の目的（「指導」と「民衆の中心性」）

唯一前衛党は、「階級闘争と革命の単一の戦闘的司令部」であるとし、その指導のために「鉄の規律の中央集権制」が必要であるとしてきた。この「指導」は、大衆運動と大衆への「指導の名による支配」に変質・転化した。

このことを踏まえるならば、党解放組織の全活動の目的は、大衆運動の上からの「指導」や自己拡大にその重心があるのではなく、革命運動の主人公たる大衆自身の自覚と自律・自治の拡大、その内部に存在するエネルギー、英知を引き出し、解き放ち、強化するために奮闘することにあることをはっきりさせる必要がある。

アジア太平洋の民衆が発した「サガルマタ宣言」（ＰＰ21）は、「（民衆の）日常生活に、（民衆の）生きることに、支配するシステムへの想像力に富むオルタナティブがあるからこそ、そこが中心性である」ことを発見している。わたしは、この「民衆の中心性」の思想のなかに、「党中央の中心性（政治局主権）」の誤りと中央政治局が何でもわかっており、何でも指導することが可能だとする旧来の「指導」という名の支配の幻想を乗り越えていく手がかりを学ぶ。

⑤個人的自由にあふれ、協同民主主義と多様性に満ちた統一

一枚岩の党に反対するのは、党解放組織を、画一的な統制体、無矛盾の集団とするような組織観にたたないということである。

マルクスいらいのコミュニズムの中心的理念の「一人一人の諸個人の自由な発展」が、「万人の自由な発展の条件となる」協同社会をめざす組織には、まず個人的自由が、自己決定・自治の原理とともに保障されていなければならない（決定への参加の自由や離脱の自由他）。それは、諸個人の内面の自由・解放を不可避とする。また、女性、被抑圧民族、心身障害者、部落民などを対等平等の構成員とするところから、その差異を差異のまま認め、アイデンティティーの複合性を認め、「その生のあり方の様々の差異や多様性を差別や抑圧の根拠としない」原理を必要とする。それは、それぞれの独自組織の同権的保障と一対である。また組織のなかに必ず異なる意見、政治潮流、政派、独自のグループが形成される。それをむしろ健全なことと考える。こうした矛盾をたっぷりとふくんだ解放組織こそが、瑞々しい生命力ある組織だと考える。ゆえに「生命をたたえる、多様性をたたえる」見地から差異を尊重し、人と人のあいだにおける協同民主主義、生命民主主義をもって、多様性に満ちた統一の原理を確認することが、重要である（自由な言論の保障や内ゲバ廃絶の根拠に）。

⑥組織原理について

これまでの民主的中央集権主義の組織原理に代わる新しい党解放組織の組織原理は、構成員（党員）主権、分権・自治の民主制、協同・直接民主主義、公開性の四原則である。

［註　これらの組織原則については、冒頭の小西論文がその点について詳しい。それとの重複を避ける意味でも、それにゆだねたい。］

⑦リゾーム状の組織とその創造的システム

党観とはいえないかもしれないが、二一世紀現代の党解放組織論は、三角形・垂直のこれまでの中央集権型の傘組織形態ではなく、「水平的根茎的ネットワーク多様体（リゾーム的アソシエーション）」の組織形態である。「リゾーム状」の新しい主体が、社会的自己構成していくための討議・意思決定・結合・コミュニケーション・協働の独自システムを豊かに創造し、具体化していくべきである（この実現のためにインターネットの導入など）。

結びに

二〇〇四年一月一五〜二一日（この原稿の校了間際のこと）、わたしは、インドのムンバイで開かれた第四回「世界社会フォーラム」の、一〇万余の沸き立つような世界民衆の討論、デモ、祝祭のただなかにいた。巨大な混沌のなかに確かに聴いた。「もうひとつの世界は可能だ！」、現代のプロレタリア・マルチチュードが、自らの運命を自らの手に握るその地鳴りのような鬨の声の何んたるかを。そして確信した。

新しい左翼と新しいグローバルな文明への挑戦！　それはすでに始まり、プロセスにあることを。もうひとつの世界への扉を、ここ日本からも大胆に開きたい。（了）

［註　ここでのべた党観・組織原理は、二〇〇三年秋に、『コム・未来』から移行・発足した『協同・未来』の「会則」に具体化されている。］

第4章　マルクス『共産主義宣言』の党組織論の原点

いいだもも

本論は、一九世紀を生きたマルクスの原点に即した〈党観〉を、実在した歴史の具体的分析と社会の発展・統合の価値観の双方から照明を当てて検討を加えた〈党組織〉論である。

1　『共産主義宣言』による初発の党観

近代ブルジョア社会において資本家社会と国民国家に対する批判・変革を志す共産党の原型は、「一つの妖怪がヨーロッパを歩き回っている――共産主義という妖怪が」と書き出された、一八四八年のヨーロッパ世界革命を領導しようとして創出された「共産主義者同盟」の革命的行動宣言であるマルクス＝エンゲルスの『共産主義宣言』に素描された。

「これまでのすべての社会の歴史は、階級闘争の歴史である」（Ⅰ「ブルジョアとプロレタリア」）の冒頭から「支配諸階級は、共産主義革命におそれおののくがよい。プロレタリアは、共産主義革命において、自分の鎖のほかに失うものはなにもない。かれらが得るべきものは一つの世界である。世界いたるところのプロレタリア、団結せよ」という結尾にいたる『宣言』の示した党組織の特性は、「共産主義者は、実践的には、すべての国々の労働者諸党の最も断固とした、絶えず推進してゆく部分であり、理論的には、共産主義者は、プロレタリア運動の諸条件、経過および一般的諸結果にたいする見通しを、プロレタリアートの他の大衆よりもすぐれてもっている。共産主義者の当面の目的は、すべての他のプロレタリア諸党の目的と同一である。すなわち、プロレタリアートの階級への形成、ブルジョアジー支配の転覆、プロレタリアートによる政治権力の獲得である。共産主義者の理論的諸命題は、あれこれの社会改良家が発明ないしは発見した諸理念、諸原則にもとづくものではけっしてない。それらは、存在している階級闘争の、現にわれわれの目の前でおこなわれている歴史的運動の、事実的諸関係の、一般的な諸表現にすぎない」というものであった。

「われわれがすでにさきに見たように、労働者革命における第一歩は、プロレタリアートを支配階級の地位に高めること、民主主義をたたかいとることである。プロレタリアートは、ブルジョアジーからすべての資本をつぎつぎに奪い取り、すべての生産用具を国家の手に、すなわち支配階級として組織されたプロレタリアートの手に集中して、生産諸力の総体をできるだけ急速に増大させるために、自らの政治的支配を利用するであろう」とされたそのプロレタリア革命は、さらに「発展の過程で、階級の差異が消滅して、すべての生産が連合した諸個人の手に集積されると、公的権力《ゲヴァルト》は政治的性格を失う」とされた。すなわち、「本来の意味での政治的権力《ゲヴァルト》は、一つの階級が他の階級を抑圧するための組織された強力《ゲヴァルト》であるにすぎない。プロレタリアートが、ブルジョアジーに対する闘争において、必然的に自らを階級に結合し、革命によって自らを支配階級とし、そして支配階級として強力的に古い生産諸関係を廃止するときには、プロレタリアートは、この生産諸関係とともに、階級対立の、諸階級そのものの存在条件を、したがってまた階級としてのそれ自身の支配を廃止する。階級および階級対立をもつ古いブルジョア社会のかわりに、各人の自由な発展が、万人の自由な発展のための条件である連合体《アソシエーション》が現れる」。

これによってこれをみるに、人類史上最後の階級社会であるブルジョア社会を終わらせる現実の歴史的運動である共産主義運動の一般的表現（時代の自己表現）である「共産党」とは、本来的に階級・階級対立・階級支配そのものを終わらせて資本と国家を廃絶して連合体《アソシエーション》を具現化する〈社会革命〉の徹底を首尾一貫して志向する党組織であり、そのようなものとして自らを支配階級として自己形成するプロレタリアートが、ブルジョア権力の打倒・プロレタリア権力の樹立の過程においても、その後のプロレタリア権力の発展・消滅の過程においても、〈政治革命〉を国家の死滅・政治の消滅にいたるまでトコトン推進してゆく政治結社にほかならない。

「世界いたるところのプロレタリア、団結せよ」というスローガンが、近代の共産主義運動史上はじめてかかげられたのは、義人同盟中央の機関誌『共産主義雑誌』の試行版第一号（一八四七年九月）の表紙においてであり、その主要論文「プロレタリア」の筆者カール・シャッパーは、「Proles とはラテン語で、自分の腕と子ども以外なに一つ所有していない市民の階級だったのである」として、近代のプロレタリアートの解放は「現存する所有関係の完全な変革によってのみ実現される、一言でいえば共同体に基づいた社会においてのみおこなわれうる」と宣告するとともに、「われわれは体系いじりの徒ではない」と宣言して、従来の義人同盟の最初の綱領『人類、その現状と未来像』（一八三八年末――後年の主著『調和と自由の保障』一八四二年へと発展）を著述したヴィルヘルム・ヴァイトリングの体系からの蟬脱《ぜんだつ》を図っていた。『共産主義雑誌』試行第一号そのものも、ロンドンのカール・シャッパーとブリュッセルから派遣されてきたヴィルヘルム・ヴォルフとの共同編集・共同執筆によるものであり、そのような雑誌発行企図とその中絶は、ロンドンの「義人同盟」中央とブリュッセルの「共産主義通信委員会」（マルクス、エンゲルス、ヴォルフら）との提携と齟齬を同時に反映した事態にほかならない。

そうした近代の三月前夜《フォアメルツ》における共産主義誕生の産みの苦しみのなかで、良知力編『資料ドイツ初期社会主義　義人同盟とヘーゲル左派』（平凡社刊）における良知力の「解題」の明快・簡潔な章句を借りるならば、四八年ドイツ革命を目前にして「世界革命論を『ドイツ的みじめさ《ミゼーレ》』とつきあわせ、少くともドイツに関しては全面革命と部分革命との、社会革命と政治革命との弁証法を適用しようとしていたマルクスやエンゲルス（そしてヴォルフやヴァイデマイヤーら）と、ヴァイトリングらとの、そしてまた真正社会主義との差異は明らかである。ヴァイトリングらのドイツ的ブランキズム、若きヘーゲル派、真正社会主義、それぞれ戦線は異なっても、彼らの立ち向かう姿勢と方向は一致していたのだ」。

ヴァイトリングらの手工業職人共産主義、バウアー兄弟らのヘーゲル左派、カール・グリュンらの真正社会主義＝哲学的共産主義のそれなりに一致していた志向性と、真向から対立しながら自己蝉脱を追求していた「共産主義通信委員会」のマルクスらと「義人同盟」新指導部のシャッパーらとの接近・協働の意思は、ロンドンのシャッパーらが一八四七年に密使をブリュッセルのマルクス、パリのエンゲルスのもとに派遣し、「被追放者同盟」以来の「義人同盟」をプロレタリアートの闘争組織すなわち「共産主義者同盟」に改組すべく加盟と協力を要請するにいたって、決定的第一歩を踏み出した。

一八四七年六月にロンドンで開催された「義人同盟」改組大会には、旅費を都合できなかったマルクスは欠席をよぎなくされエンゲルスだけが出席したが、その大会で従来の義人同盟のスローガンである「人間はみな兄弟だ！」は「世界いたるところのプロレタリア、団結せよ！」の階級的スローガンに改められ、組織名称も「共産主義者同盟」と改められた。ちなみに、キリスト教的友愛思想に基づいた、家父長制的家族をモデルとする「人間はみな兄弟」だという、一見人類愛的な古い団結のスローガンは、その現実的内容においてはキリスト教を信奉しない人間を〝非人間〟〝非兄弟〟として共同体的友愛から排除する宗派主義的スローガンにほかならない。

この六月大会で暫定的綱領文言として作成された『共産主義的信条表明草案』という一種の教理問答《カテキズム》的な信条《クレード》は「書記ハイデ（ヴィルヘルム・ヴォルフの同盟名）・議長カール・シル（カール・シャッパーの同盟名）」の署名があるが、今日の考証的鑑定によれば全文がエンゲルスの筆跡で書かれたものにほかならない。

このような経過を踏まえて、一八四八年一一月二九日から一二月八日までロンドンで開かれた画期的な同盟第二回大会における、「共産主義者同盟」の綱領作成のマルクス＝エンゲルスへの委託が満場一致の決定となったのである。

大会後マルクスはブリュッセルに戻り、エンゲルスはパリに戻ったため、両人の共同起草は困難となり、エンゲルス自身の数次の申し入れによって在来のエンゲルスのパリ綱領案であった教理問答《カテキズム》風の『共産主義の諸原理』は廃棄されて、マルクス単独執筆の『共産主義宣言』が作成されたのである。フランス二月革命の勃発に辛うじて間に合った、新成の「共産主義者同盟」綱領『共産主義宣言』は、ヨーロッパ全土での革命参加に直ちに散らばる同盟員のために百数十部が刊行されたとされる。

このような「義人同盟」の「共産主義者同盟」への革命的脱皮の緊急な過程において、党組織論上、マルクス=エンゲルスのイニシアチヴによって最大の課題とされたのは、陰謀的秘密結社であった一八三四年来の「被追放者同盟」、一八三七年来の「義人同盟」の規約のもっていた前近代的共同体特有の秘密結社的限界・制約の自己克服――なかんずく、陰謀的・上意下達的集権制に拠る秘密結社中央指導部による一般同盟員に対する「義務規定のみで権利規定を欠く」秘密保持の強制、それに違反する「裏切者」に対する死刑宣告・処刑の諸規定の削除――にあった。

ちなみに、パリ在住ドイツ人秘密革命結社「被追放者同盟」の二重規約――屯所《ラーガー》=山とよばれる「上級」の規約と、天幕《ツェルト》とよばれる「下級」の規約――によって、屯所=山が天幕の「裏切者」に臨む組織的処分は「Den Vernter an Bunde trifft der Tad」として文字通り死刑であり、「義人同盟」規約においては、「加入宣誓」自体に「私は同盟の存在について秘密を遵守し、その崇高な目的のために心からの献身的情熱を傾けることを自らの名誉にかけて誓い、もしも私が誓約を破る場合には、名誉剥奪と「死罪」が加えられてもかまいません」とあり、したがって第九条においては「除名によってその該当者には名誉剥奪が生じることがあり、また他の方法による処分を併せ行なうこともできる」とされている。「他の方法による処分」とは、秘密結社特有の隠語であって「死罪」「死刑」という処分にほかならない。

マルクス=エンゲルスの加盟に当っての強硬な主張に則って、「共産主義者同盟規約」においては、第三条において「同盟員はすべて平等であり、兄弟であって、いかなる場合にも兄弟として助けあう義務がある」と規定された上で「同盟規律の違反」に対する組織的措置については第七条「同盟所属の条件（第二条）」に対する違反者は、その情状に応じて除籍または除名に処される」、第三八条「除名についての決定は、大会だけがおこなう」と、根本的に改正されている。アソシエーション革命を担う解放組織にふさわしいアソシエーション規約への新生である。

オーギュスト・ブランキを頭梁《とうりょう》とするフランスの有名な秘密集権結社「四季協会《ソシエテ・デ・セゾン》」の「入会式」規定（一八三九年）においても、「目かくし」を施された新会員に対して、座長は新会員の手に短刀を置いて、次のように誓約させている――「もし私がこの誓いを破るならば、裏切者には死をもって罰せられ、この短刀で突き刺されんことを。もし私が、誰であれ、たとい近親者にもせよ、結社の一員でない者にいささかでも漏らしたとしたら、私は裏切者として扱われることに同意する」と。

誓約集団といっても、このような暴力的強制と死罪=死刑の脅迫による「誓約」が、近代市民社会における同権的契約に基づく誓約とは、似て非なるものであることはいうまでもない。

ヨーロッパの同時期の結社においても、たとえばイギリスのロバート・オーウェンの「ニュー・ハーモニー準備社会規約」（一八二五～二七年）は、「本準備社会は、特に会員の性格と状態とを改善し、共同財産を持つ独立共同社会の成員となるよう、かれらを準備するために組織される。これら共同社会の唯一の目的は、その会員すべてのために最大限の幸福を獲得し、これを確保し、これを末代まで子孫に伝えることである」と自らの準備社会＝結社の組織目的をあきらかにし、「会員の解雇——家族または会員で、この規約のいずれかに違反する、ないしとにかく不当な行為をする者は、彼らがこの社会を自由に去ることができるのと同じ予告を、委員会がかれらに与えることにより、この社会と居住地からしめ出される」と規定している。

オーウェンのいう「準備社会」とは一種の人工的なコミュニティーであるが、その成員《メンバー》は水平的な誓約者集団であり、先進ヨーロッパ「白色人種」の近代的差別意識に基づいて「規約」において成員資格を「有色人種を除くすべての年齢、特徴の人びとが、準備社会の会員になることができる」と規定している難点を除けば、白人市民には平等・同権的な組織性格をもつ。

産業革命の子であるこのニュー・ラナークの有能な紡績工場経営者であり同時にユートピア社会主義者であるオーウェンは、「準備社会規約」の組織原理に基づいて一八二五年に渡米して「ニュー・ハーモニー村《ヴィレージ》」を建設した。この共産社会は四年間で完全な失敗に帰し、かれが「準備社会規約」で謳った共同社会を「末代まで子孫に伝えること」は不可能と化したが、それはそれでマルクス『共産主義宣言』が「批判的・ユートピア的社会主義および共産主義」として批判した初期ブルジョア時代における「社会主義および共産主義」思想・構想のユートピア性の問題にほかならない。

2　共同体＝ゲマインシャフトから契約社会＝ゲゼルシャフトへ

「裏切者」処刑による成員共同体の団結の維持が、「村八分」の異端者排除による村共同体の共同性の維持に端的にみられるような、一般的に言って前近代の多かれ少なかれ宗教イデオロギー的統合（価値統合）に基づく身分共同体の習俗に属する組織保障・再安定化機能であることはいうまでもない。

初期社会主義時代においても、たとえ「四季協会」（フランス）、「義人同盟」（ドイツ）や「土地と自由」（ロシア）のような陰謀型秘密結社の組織性格の強い運動組織が、成員＝「同志」たちの相互信頼・共生同死・同権的結合を謳い上げていることはいうまでもない。むしろ初期社会主義時代であればあるほど、陰謀的秘密結社であればあるほど、濃密にその友愛的性格は強いとさえいいうる。しかしながら事の一面において、リアルに点検してみるならば、そのような秘密結社的同志愛は、「村八分」的排他主義に基づいて、ある場合には「共犯者」意識による濃密な友愛的団結として現れている、とみなければならない面を固有しているといってよい。

前近代の内なる共同体においては外からのストレンジャーの来訪は、日本でもマレビト（稀人）＝マロウド（賓客）＝異人と表象されてきたように、ホスピタリティーによる「歓待」か、身体現象的にはそれと正反対になるが「密殺」によって処理するほかはなかった。

後者の場合、共同体成員の聖なる団結は一種の「共犯者」としての団結以外のなにものでもないのである。そのような成員の「共犯意識」は「相互扶助意識」とウラハラのものである。

前近代の自閉・自給共同体にとっては、他の共同体は「異界」と観ぜられ、その住民は「異人」と観ぜられるのであって、日本においてもそれらの吉凶禍福をあいともなう両義的存在は、山人、山姥、天狗、鬼、河童、海坊主、ナマハゲ、ナモミタグリ等々として表象されてきたごとくである。

「異様」「異端」「異論」を許容できない、濃密な同質性によって相互依存的に生きる前近代共同体においては、それが大勢としては自給自足経済に自閉して日常生活が営まれているがゆえに、貨幣経済・商品経済の外縁からの浸透・発展に対しても「村八分」的に反作用せざるをえないのであって、日本の村落共同体においても商人資本（マックス・ウェーバーのいう「賤民的資本主義《バリア》」）の担い手は「犬神筋」として賤称され〝人非人〟として排除されたのである。日本の村落共同体の構造的論理については、最高の学問的権威者である中村吉治の『日本の村落共同体』（日本評論新社、一九五七年）、『共同体の史的考察』（中村吉治教授還暦記念論集刊行会刊、一九六五年）を参看されたい。

西ヨーロッパにおける共同体から市民社会への変転に即して普遍的に事態の推移を「ゲマイ

ンシャフト」から「ゲゼルシャフト」へと定式化したのは、フェルディナンド・テンニース『ゲマインシャフトとゲゼルシャフト』（岩波文庫、一九五七年）であった。「身分」から「契約」へと言い換えることができるテンニース学説によるならば、血縁を究極的な結合原理とする「フェース・トゥ・フェース」のゲマインシャフト（共同社会）＝コミュニティーは、近代の都市社会を典型とするゲゼルシャフト（利益社会）の発達にともなって、個人の選択意思と自由を駆動力とする、契約的＝手段的社会関係の出現によって合理化され機械化されることを通じて、一路衰退してゆかざるをえないこととなる。

『共産主義宣言』の形成にともなう、「四季協会」「被追放者同盟」「義人同盟」の旧規約から、「共産主義者同盟」の新規約への自己脱皮に孕まれていた党組織論の転換の社会的核心はそこにある。

加藤哲郎教授の一連のすぐれた革命党組織論的考察＝『社会主義と組織原理Ⅰ』（窓社刊、一九八九年）、『ソ連崩壊と社会主義　新しい世紀へ』（花伝社刊、一九九二年）における党組織のタイプ論的分類によるならば、一九世紀社会主義運動の組織原理は歴史的に四類型化されるという。すなわち――⑴「友愛的平等」型（R・オーウェンの「ニュー・ハーモニー準備社会規約」↓チャーティスト運動、協同組合運動）。⑵「陰謀的集権型」（「友愛的平等」型の対極として、A・ブランキの「四季協会」掟↓「被追放者同盟」規約・「義人同盟」規約）。⑶「集権的平等」型（マルクス＝エンゲルスの加盟した、「義人同盟」旧規約に「平等原理」を導入した「共産主義者同盟」

規約）。(4)「契約的分権」型（「指導者独裁」の特徴をもつF・ラサールの全ドイツ労働者協会ADAVは、アイゼナッハ派社会民主労働党SDAPとの合同によるゴータ合同党=SAPD社会主義労働者党の創立によって、ビスマルク・ドイツの厳しい結社法・社会主義者鎮圧法下でも「指導者独裁」を廃して「党内民主主義」を貫く「契約的分権」型の党を創出した。この党の組織的特性は、党が合法化して大衆政党・議員政党に成ったSPDドイツ社会民主党においても保持され、やがてドイツ社会民主党を「模範党」とするヨーロッパ諸党の国際的結集体である第二［社会民主主義］インターナショナルにも基本的影響を及ぼした）。

加藤教授の歴史的分析・考察によるならば、二〇世紀に入ると（いいかえるならば、ヨーロッパ資本主義の自由主義時代から、世紀末大不況を通ずる二〇世紀の帝国主義時代への時代転換のなかで）、SPDは一九〇五年のイエナ党大会規約を境にして「契約的分権」型から「官僚的集権」型へと転成し、社会民主党は垂直的にライン階層化した党組織を専従党官僚が支配し党議員が優位に立つ「議員政党」へと転化した。この「官僚的集権」型化は、当時のロシア社会民主労働党のボリシェヴィキ分派を率いたレーニンによってSPDの「中央集権化」として歓迎されるとともに、SPD自体のその後の経過は一九〇九年ライプツィヒ党大会、一二年ケムニッツ党大会規約改正、第一次世界大戦後の一八年ワイマール党大会、二五年ハイデルブルヒ党大会規約へと継承され、この「官僚的集権」型の官僚主義議員政党化が社会民主主義党組織の原型となった。

イデオロギー的一元化よりも日常的利害・政策実現・選挙集票を重視し、理論・世界観上の「多元主義」を認容する点で、この「官僚的集権」型の社会民主党は、ツアーリ専制下に活動したロシア・ボリシェヴィキ党（→共産党）の「軍事的集権型＝民主主義的中央集権制」のタイプと区別される。

ボリシェヴィキ党の「軍事的集権」「民主集中制」の組織性格的特徴は、「鉄の規律」「一枚岩の党」「上級の決定の下部による無条件的実行」「イデオロギー的・世界観的統一と異論・離反者の排除」「党外大衆組織さらには国家組織（ソヴィエト国家）」への「伝導ベルト」を通じての指導と支配、などに具体化される。第三共産主義インターナショナル＝コミンテルンの「加入条件二一カ条」（一九二〇年）や「模範規約」（一九二五年）が、この「軍事的集権」「民主集中制」型の党を国際的に完成する。

加藤教授は以上の一九世紀〜二〇世紀初頭の六つの歴史的類型に加えて、ローザ・ルクセンブルクが「スパルタクス・ブンド」「ドイツ共産党」創成に当ってうちだした「連合的分権」型を追加して、その党組織のタイプ分類論を終えている。

ローザ型の「連合的分権」党組織の特徴は、官僚制的ドイツ特有ともいうべき「組織フェティシズム」から自己蟬脱をとげ、内発的な大衆的基礎に依拠する解放組織を志向する、(1)「官僚的選挙同盟でなく経営中心の政治的行動組織」、(2)経営・居住区組織の「完全な自立性」、(3)「精神的・政治的指導の総括」に自己限定した中央指導部の任務、(4)地方機関紙誌の党中央からの自立性、(5)地方組織の最大限の自由を保証した短文・簡潔な規約、にある。

以上の歴史的考察を踏まえていうならば、テンニースが提起した「ゲノッセンシャフト」という未来社会構想は、マルクスの「ゲマインヴェーゼン（共同存在）」「コミューン」「アソシエーション社会」構想と等しく、よかれあしかれこれからの社会的構想力の領域に属する未決の問題構制である。

けだし、テンニースがドイツ語をもって「ゲマインシャフト」＝身分・支配社会と「ゲゼルシャフト」＝利益・契約社会として「社会」概念化した二分法の前者は、共同体社会（上位共同体や共同体国家や世界帝国をふくめて）の人間的結合原理の謂であり、群れ動物としてのヒト＝人類にとって本源的なその太古以来の共同体は、宗教イデオロギー的・神聖王権的価値統合に基づく多かれ少なかれ祭祀王＝僧侶の聖痕《スティグマ》を帯びた聖なる社会であり、とりわけ農耕革命以降のそうした共同体社会は、バンドからコミュニティー（村落＝ムラと農村都市＝マチをふくめて）へいたる採集・狩猟・農業・牧畜共同体にほかならなかった。

宗教的統合によるそのような貢納制社会は、多数・多元に分立した自給自足社会であったが、人類文明の発展史上からいうならば、社交的動物である人間が「ポリス的動物」としてギリシャ的知と都市国家《ポリス》と地中海商品経済に依拠する古典古代の奴隷制社会を営み、それが「あらゆる道がローマに通ずる」ローマ世界帝国――羅馬法をもち、「市民」身分をもち、一神教的啓示宗教である基督教を地下宗教としてもった――のあたりの境位で、すでに「ゲマインシャフト」と「ゲゼルシャフト」の混淆（交錯・移行をふくめて）が生じはじめ、そうした人類文明史的傾向性はローマ帝国の没落、中世キリスト教・農奴制世界の聖俗支配、そして宗教戦争と価格革命によるそのような中世ヨーロッパ封建制の廃墟化を通じて、土地の私有化と労働力の商品化に基づく西欧出自の近代市民社会すなわち「ゲゼルシャフト」＝利益・契約社会の世界史的出現にいたった、と看ることができる。

現実には、三〇年戦争による中世ドイツ＝ヨーロッパの廃墟化を転機として、各主権国家の国際関係的秩序として立ち現れたウェストファリア条約体制の歴史過程において、近代西欧の「三重革命」――産業革命（イギリス）・市民革命（フランス）・意識革命（ドイツ）――を通じて型制化された「ゲゼルシャフト」＝ブルジョア社会のただなかにあって、自由《リベルテ》・平等《エガリテ》・友愛《フラテルニテ》をかかげたブルジョア革命の、自由が「営業の自由」「利潤追求の自由」に、平等が「ブルジョアとプロレタリア」「治者と被治者」の形式的同権＝人権に、友愛が「民族国家《フォルクス・シュテート》」に帰結せざるをえなかったことを看取したマルクスは、一八四八年ヨーロッパ＝世界革命の前夜に『共産主義宣言』をひっさげて、ブルジョア社会そのものの根底的転覆を図る近代共産主義学説の開祖となったのである。

なかんずく、若きマルクスにとって、イギリスの大文字の産業革命が植民地アイルランドのジャガイモ不況による大衆的飢餓とロンドン商業恐慌による経済的苦境に帰結したこと、「革命のイエルサレム」フランスの市民革命が恐怖政治《テルール》を通じてバブーフ（「平等党の陰謀」）かナポレオン（軍事征服帝国）かの二極化をはらみながら結局テルミドール反動と民族国家《フォルクス・シュテート》（国民国家）に帰結したこと、ドイツのカントからヘーゲルにいたる批判《クリティーク》＝哲学革命が観念論的体系と弁証法的方法との矛盾にひきさかれてヘーゲル派の七花八裂に帰結したことは、まさに全身全霊的な時代の震撼であり、総体的な近代批判・変革への初志の出発点となったのである。

ゲマインシャフトからゲゼルシャフトへ、身分から契約へ、という人類文明社会史の移行の大勢が、このようにして西欧出自・中心の世界舞台劇として人類文明史そのものの再布置・再構想をぬきさしならず必然的なものとする大きな筋書をもって演じられるなかで（近代人はすべてのその世界劇の観客であるとともに演者である）、マルクス的共産主義に集約されたプロレタリア革命的筋書は、「最後の階級社会・支配社会」である近代の市民社会《ゲゼルシャフト》（グローバルな「一つの世界」）を危機における通過儀礼として潜った上での、太古以来の共同体《ゲマインシャフト》の高次復活・高次再生（人間社会の「本史」）としての「ゲマインヴェーゼン」「コミューン」「アソシエーション社会」への志向性として、人類史的に定位されたとすることができるだろう。

3　プロレタリア革命の画する人類文明史の再構想

マルクスの死去直後の『共産主義宣言』一八八三年ドイツ語版へのエンゲルス「序文」によるならば――「『宣言』をつらぬく根本思想、すなわち、歴史のどの時代でも経済的生産およびこれから必然的に生ずる社会的編成は、この時代の政治的および精神的な歴史にとって基礎をなすということ、したがって（太古の土地の共有の崩壊以後）全歴史は階級闘争の歴史、すなわち社会発展の種々の階級での搾取される階級と搾取する階級との、支配される階級と支配する階級との闘争の歴史であったこと、しかしこの闘争は、いまや搾取され、かつ抑圧されている階級（プロレタリアート）が、自分を搾取し、かつ抑圧している階級（ブルジョアジー）から自分を解放することは、同時に全社会を永久に搾取、抑圧および階級闘争から解放することなしにはもはやありえない、という段階に達したということ――この根本思想は、ただひとり、そしてもっぱらマルクスだけのものである」。

太古の土地の共有に基づくいわゆる原始共産社会が、私的所有の発生、神聖王権の出現、文字・記録の発明、文明の発現によって崩壊してしまって以後、搾取・収奪・支配・抑圧の階級社会史は、近代資本制社会の歴史的形成とともに絶頂に達するにいたり、プロレタリア革命による社会変革は最後の階級社会から将来の無階級社会＝共産社会への人類の解放への扉を開くことになる。解放組織としてのマルクス的共産主義の「党」の先導による「労働者階級の自己解放」の大業は、人類史において連綿脈々たる共産主義＝「大同」運動を近代ブルジョア社会において継承する革命的運動として、そのように人間社会史の「前史」を終焉させて「本史」を切り拓く特異点として、唯物論的歴史把握による人類史再編成の歴史的構想をさししめすものとなる。

一八四八年ヨーロッパ革命（イギリス－アイルランドにおけるチャーティスト運動とフィニア運動、フランスの二月革命と六月プロレタリア蜂起、ドイツの三月革命とフランクフルト国民議会運動、オーストリアのウィーン攻防、ハンガリーの「民族の春」＝コシュート革命）は、絶対主義的反動と抱合したブルジョア反革命によってことごとく「敗北の年代記」として打ち敗られ、マルクス＝エンゲルスの「共産主義者同盟」もその敗北のなかで、ヴィリヒ＝シャッパーの「分離同盟」との組織的分裂（マルクスらは同盟中央委員会をケルンに移して「分離同盟」派を除名し規約を再改訂した）を経て、一九五一年五月の「ケルン共産党事件」によって第三回党大会開催の最後の追求準備の努力もトドメを刺されて、ついに共産主義者同盟は解散をよぎなくされるにいたった。

そのような「反動の時代」においてボナパルティズムが制覇し、その社会王制による上からの「革命の遺言執行」が産業革命・金融革命的近代化として進行するなかで、マルクスの「敗北の年代記」についての主体的自己総括は、(1)ブルジョア革命からプロレタリア革命への永続革命、⑵プロレタリア革命によるプロレタリアート独裁、⑶民主党に替わる共産党の自立、の三点に集約された。

一八五〇年四月に、チャーティスト、ブランキー派、マルクス派の最精鋭による国際革命組織として企てられた「革命的共産主義者世界協会《ヴェルト・ゲゼルシャフト》」（アダン、ヴィデル、マルクス、ヴィリヒ、エンゲルス、ハーニーの連名）の規約草案は、そうした四八年革命総括に基づいて、「第一条、本協会の目的は、人類家族の最後の組織形態たるべき共産主義が実現されるまで革命を永続的につづけながら、すべての特権階級を打倒し、これらの階級をプロレタリアの独裁に従属させることである」とした。

この最前衛分子による世界協会は実現をみないままに終わったが、いわばその階級的大衆版として一八六六年九月のジュネーヴ大会で成立をみたいわゆる第一インターナショナル＝「国際労働者協会」の規約が冒頭において、「労働者の解放は労働者自身の事業でなければならないこと、自己の解放をたたかいとろうとする労働者の努力は、新しい特権をつくりだすことではなく、万人のために平等の権利と義務をうちたて、あらゆる階級支配を廃止することを目的としなければならないこと」として、「大会は、万人のために人および市民の権利を要求するのが義務であると考える。権利を伴わない義務はなく、義務を伴わない権利はない」と宣言したその精神は、まさに、革命的共産主義者世界協会の精神の広汎な大衆版であったといえる。四八年革命敗北以後の「反動の時代」における危機状況下でのマルクス的共産主義の主体的自己総括は、なによりも経済学批判＝資本論への理論的沈潜にほかならなかったが、如上の革命論・組織論の深化はそのような経済学批判的沈潜とまさに相即的な主体作業であったといえる。

マルクス自身の当時の自己確認によるならば――

(A)「ところでわたしについていえば、近代社会における諸階級の存在を発見したのも、諸階級相互間の闘争を発見したのも、べつにわたしの功績ではない。ブルジョア歴史家たちがわたしよりずっと前に、この階級闘争の歴史的発展を叙述していたし、ブルジョア経済学者たちはその経済的解剖学を叙述していた。わたしが新たにおこなったことは、(1)諸階級の存在は生産の一定の歴史的発展段階とのみ結びついているということ、(2)階級闘争は必然的にプロレタリアートの独裁に導くということ、(3)この独裁そのものは、一切の階級の廃止への、階級のない社会への過渡期をなすにすぎないということを、証明したことだ」（ヴァイデマイアー宛の手紙、一八五二年三月五日付）

(B)「プロレタリアートは、ますます革命的社会主義のまわりに、すなわちブルジョアジー自身がそれに対してブランキなる名称を考えだした共産主義の周囲に結集しつつある。この社会主義は、革命の永続宣言であり、階級差異一般の廃止に到達するための必然的な経過点としてのプロレタリアートの階級的独裁である」（『フランスにおける階級闘争』一八五〇年）

(C)『資本主義社会と共産主義社会とのあいだには、前者から後者への革命的転化の時期がある。この時期に照応してまた政治上の過渡期がある。この時期の国家は、プロレタリアートの

革命的独裁以外のなにものでもありえない」（『ゴータ綱領批判』一八七五年）

右の(C)の時点ともなれば、マルクスが万国労働者協会総評議会の名で執筆した『フランスにおける内乱』におけるパリ・コミューンの勃発と惨死を、すでに経ている。

国際労働者協会の国際運動における、新型《ニューモデル》労働組合に結集したイギリスの「ブルジョア的プロレタリア」の背反と、南欧の無政府主義運動に傾斜した「バクーニン派」の分裂活動とに直面したマルクスは、バクーニン派の除名には成功したものの、総評議会の本部をニューヨークに移転（アドルフ・ゾルゲに委託）するという形で、事実上、第一インターナショナルの解体に追いこまれた。

一八四八年革命の六月プロレタリア蜂起の敗北につづく、「革命のイエルサレム」パリにおける第二の敗北の年代記であるが、マルクスが「本質的に労働者階級の政府であり、横領者階級に対する生産者階級の闘争の所産であり、労働の経済的解放をなしとげるための、ついに発見された政治形態であった」とみなしたパリ・コミューンの政治組織的特性は、軍事的・官僚的集権の寄生的ブルジョア国家にほかならないボナパルティズム帝政の「正反対物」としての、自治的・分権的な「社会的共和制」である「可能な共産主義」の具現形態である点にあった。「コミューン、すなわちプロレタリア独裁は、『国家寄生物のためにこれまで吸いとられていたすべての力を、社会の身体に返還』したことであろう、そしてまた『正当な諸機能を』、『社会そのものに優越する地位を簒奪した権力からもぎとって』『社会の責任を負う公吏たちに』返還するはずであった」（『フランスにおける内乱』）

最晩年のエンゲルスが『フランスにおける内乱』一八九一年版の「序文」において、「社会民主党の俗物どもは、最近、プロレタリアートの独裁という言葉を聞いて、またまたかれらにとってクスリになる恐怖におろおろしている。よろしい。諸君、諸君はこの独裁がどんなものか知りたいのか。パリ・コミューンを見たまえ。あれがプロレタリアートの独裁だったのだ」とぶっぱなしたが、〝六〇日天下〟に終わり「血の週間」の流血裡に第三共和制権力とプロイセン・ビスマルク「鉄血」権力との共同反革命によって葬り去られたとはいえ、「可能な共産主義」としてのプロレタリアート独裁に煮つまるべくして煮つまらざるをえなかったパリ・コミューンのしめした具体的教訓とは、何であったか。

それは、マルクス『フランスにおける内乱』によるならば、『共産主義宣言』の一つの根本命題の修正が必要となったとされた「労働者階級は、できあいの国家機構をそのまま掌握して、自分自身のために使用することはできない」という教訓であり、その教訓を具現するための政治組織論的措置は、いわゆるパリ・コミューン「四原則」――⑴常備軍の廃止と武装した人民へのおきかえ、⑵コミューンの市会議員・吏員の選挙制・責任制・リコール制、⑶全公務員の労働者なみの賃金、特権の廃止、⑷議会ふうの機関ではなくて同時に執行し立法する行動的機関としてのコミューン、派遣制、にほかならなかった。このような『フランスにおける内乱』『ゴータ綱領批判』は、マルクスにとって「経済学批判―資本」の弁証法体系化の裏付けを受けて理論作業化されたのである。

マルクスが一九世紀に経験し総括したこれらの組織論的遺訓は、二〇世紀のソヴィエト・ロシア革命期において、『帝国主義論』に裏付けられたレーニンの『国家と革命』(一九一七年)において全面的に復権され、現代的に活用されるにいたる。ソヴィエト一〇月レーニン主義社会主義革命、中国一九四九年毛沢東思想民族革命の勝利以後の革命の、スターリン主義的変質をふくむ世界的攻防過程を経て、一九九一年に「社会主義諸国世界体制」が世界史的瓦解をとげてしまった現在、「人類解放」への位置をもつプロレタリアート独裁という「政治上の過渡期」における継続革命の有効・適切な主体的形態の発見・創出に、わたしたちはまだ成功していないとはいえ、その世界史的組織課題は、二一世紀のこれからのわたしたちの解くべき核心事である。

『共産党宣言』の邦訳の嚆矢は、一九〇四年(明治三七年)一一月号の『平民新聞』第五三号に掲載された堺枯川・幸徳秋水訳(ただし第三節を欠く)であり、その底本はサミュエル・ムーアが英訳しエンゲルスが監修した一八八八年年英語版であるが、その英文のなかの Communist をすべて「共産党」と訳し、『宣言』のもう一つの鍵概念である association については所載の五カ所についてそれぞれ「団体」「組合」「協力」「協同」「協同社会」と全然バラバラの訳語をあてており、「ひとりひとりの諸個人の自由な発展が万人の自由な発展の条件となるような協同組合《アソシエーション》が現れる」という原文を「各人自由に発達すれば万人また従って自由に発展するがごとき協同組合が出現する」と邦訳している。

ムーア&エンゲルスの一八八八年英語版は、一八四七年原版の「すべての生産がアソシエートした諸個人の手に集中する」を「国民全体の巨大なアソシエーションの手に集中する」と改訂を加えており、これを堺・幸徳の邦訳も「一切の生産が全国民大協同の手に集中する」と訳しており、結果として「アソシエートした諸個人」は抹消・消失せしめられてしまった。

「アソシエーション」については、こんにち『宣言』の標準訳として日本で通用・現行されている邦訳のうち、水田洋訳（講談社学術文庫、一九七二年）だけが「連合（体）」として統一して訳しているが、大内兵衛・向坂逸郎訳（岩波文庫、一九五一年）、村田陽一訳（大月全集版、一九六〇年）では、訳語がてんでんに不統一となっている。大月書店から出されている『マルクス＝エンゲルス全集』の Assoziation　assoziiert の訳語は二〇以上にものぼる異訳語があてられているとされ、しかも田畑稔教授の指摘によれば、「assoziiert な労働」＝「kombiniert な労働」として同一の「結合された労働」という訳語があたえられているという。

いうまでもなく、「アソシエールトな労働」とは横＝水平の社会主義志向を意味する「連合した労働」であり、「コンビニエールトな労働」とは縦＝垂直の資本主義志向を意味する「統合した労働」である。マルクスの原則的な用例に即してその区別は決定的に重要である。

田畑稔「生活者的知性とアソシエーション――思想としてのアソシエーション革命」（二〇〇三年）によるならば、「これは驚くべき混同です。つまり資本主義では協業が進みますからすべて『結合（統合）した労働』が基本です。ところが皆さんが生活協同組合などでやっている『アソシエートされた労働』というのは自治と協働と共有に基づく未来型の労働のあり方であり、単なる『結合した労働とは全く異なるものです』」ということにあいなる。

「革命的プロレタリアたちの共同社会には、諸個人は諸個人として参画する。諸個人の統御のもとに、諸個人の自由な展開や運動の諸条件をあたえるのは、まさに諸個人の連合化 **Vereinigung** なのである」（『ドイッチェ・イデオロギー』一八四五年）

「協同組合運動の偉大な功績は、資本の下への労働の従属という、現在の窮民化させる専制的システムが、自由で平等な生産者たちのアソシエーションという、共和制的で共済的なシステムによって取って代えられるということを、実践的に示した点にある」（『個々の問題についての暫定中央評議会議員への指示』一八六七年）

「資本制的株式諸企業は、協同組合諸工場と同様に、資本制的生産様式からアソシエーティッドな生産様式への移行形態とみなしうる。ただ、対立が前者では消極的に掲棄され、後者では積極的に掲棄されているだけである」（『資本論』第三部、一八九四年エンゲルス編集）

昭和期の東北日本でも宮澤賢治の有名な「一人が幸福でなければ万人（誰も）が幸福ではありえない」という倫理的命題がある。この宮澤賢治的倫理は、かれ自身に即して、マルクス無産党的命題でもあれば、日蓮宗的命題でもあるものであるが、後者の仏教的伝統でいうならば、阿弥陀仏が法蔵菩薩のとき衆生を救うために立てたといわれる「四十八願」として、「吾、衆生の最後の一人が救われるまでは正覚をとらじ」という誓願がある。前衛と大衆との真の関係性の在り方を示しているともいえるであろうが、儒教的ないしは士大夫的倫理においてもいわゆる先憂・後楽という先覚者的覚悟も古くからある。アソシエーションの人類史的伝統もまた古くから深いのである。

近世世界史にまで人類史を最近化して看るならば、ユーラシア大陸における七世紀以降の西からのマホメットのイスラーム文明の通域的拡張と、一三世紀以降のチンギス・ハーン以降の大モンゴル帝国の通域化による、遊牧・農耕・商業複合社会文明の広域的世界化が、一五世紀末～一六世紀初頭から始まる、コロンブスによる「西インド」発見、ヴァスコ・ダ・ガマによる喜望岬廻りの「東インド」航路の再演、アメリゴ・ヴェスプッチによる「アメリカ」発見、バルボアによる太平洋の発見、マジェランによる世界周航……といった「大航海・大発見の時代」、いいかえるならばヨーロッパによる世界福音・重金・海運グローバリゼイションの画期に先立って、ユーラシア大陸陸路・南海航路が人類文明の一元的世界化を準備したことは、西欧中心主義的・近代主義的史観の矮小な錯視を取り払って虚心坦懐に世界史を観ずるならば疑いを容れないところであろう。

すくなくともポルトガルのヴァスコ・ダ・ガマの東インド航路をたどってのカリカット到着は、アフリカ―インド・カリカット―中国泉州といった前代からのイスラーム文明と大モンゴル帝国の開拓した南海航路をなぞったもの以外のなにものでもなかったのである。イスラーム

=アラブ文明と大蒙古=「元」文明の世界史的ビッグバンが先行していなければ、新大陸の発見をもたらした大航海時代の開幕といえども、西欧中心の近代世界のグローバリゼイションの曙光をもたらすことはできなかったにちがいない。

マルクスの共産主義に基づく党組織は、西欧出自・西欧中心に形成された資本主義の世界性が産み出した世界史的存在としてのプロレタリアートに即したプロレタリア党としての根本性格において特徴づけられるが、そのような世界史的性格を近代世界の出生の由来・前提から歴史的に再把握し、位置づけ直しておくことは、プロレタリア党が基本的に西欧中心の近代世界の狭隘な歴史的限界を未来の共産主義社会の真の普遍性へと向けて相対化し、超克してゆく歴史的使命を自己確認してゆく際にも、決定的に重要な視点深化となる。本来、マルクス的共産主義の党組織論は、一国主義的・西欧主義的な域には留まりえない、収まりえない根本的性格を固有しているのである。

4　一八四八年革命の帰趨とそのマルクスの組織論的総括

マルクス的共産主義に基づく「始祖」マルクスの政治結社原理は、共産主義者同盟の綱領的宣言である『共産主義原理』（一八四八年）が公然と定式化したように、「共産主義者」とは、(1)労働者・人民大衆の「部分《パルス》」であるばかりでなく、(2)「すでに組織された労働者諸党」（英語版では「現存する労働階級の諸政党」）の「一つ」であり、(3)そのような共産主義者の〈党〉の労働者諸党はじめ「種々の反政府党」にたいする関係性は、先進世界諸国における現実のパワーフルな政治結社であったイギリスにおけるチャーティスト（一八三八年から一〇年間にわたって「人民憲章ピープルズ・チャーター」をかかげて大請願運動を行った）および北アメリカにおける農業改革者《リフォーマー》（一八四五年にアメリカで設立された「全国改革協会」の中核を成した手工業者ならびに労働者で、「すべての勤労者にたいする小土地の無償給付」を唱えた「青年アメリカ派」）との関係を「おのずからあきらかな」具体的基準とする性格のものであった。そのようなインターネット的水平関係において、マルクスによれば「共産主義者は、労働者階級の直接に目前にある諸目的および利益の達成のためにたたかうが、かれらは、現在の運動において同時に運動の未来を代表する」として特徴づけられたのである。

したがって『共産主義宣言』においては、共産主義運動は明示的に、「封建的社会主義」「小ブルジョア的社会主義」「ドイツ社会主義または真正主義」のような〈反動的社会主義〉、〈保守的社会主義またはブルジョア社会主義〉ならびに〈批判的・ユートピア的な社会主義および共産主義（サン・シモン、フーリエ、オウエン）〉から区別されるとともに、現存するブルジョア国家権力に対する反権力・反政府闘争において、共産主義者は、きわめて具体的に分別的政治態度をとるものとして規定されたのである。すなわち共産主義者は、フランスにおいては「保守的および急進的ブルジョアジーに反対して、社会主義的民主主義の党（議会ではルドリュ・ロランによって、文筆ではルイ・ブランによって、日刊新聞では『レフォルム』によって代表されていた社会＝民主主義党）に組みしたが、だからといってフランスの革命的伝統から発する空文句と妄想にたいして批判的な態度をとる権利を放棄するものではない」、スイスにおいては「急進派を支持するが、この党が矛盾する諸要素から、すなわち一部分はフランス的な意味での民主主義的社会主義者から、一部分は急進的ブルジョアから成り立っていることを見誤りはしない」、ポートランド人のあいだでは「農業革命を民族解放の条件とする党（一八四六年のクラクフ反乱を起こした党）を支持する」、ドイツでは「ブルジョアジーが革命が革命的に立ち現れるやいなや、ブルジョアジーと共同して、絶対君主制、封建的土地所有および小市民層（英語版では小ブルジョアジー）にたいしてたたかう。しかし、共産主義の党は、ブルジョアジーがその支配とともに導入せざるをえない社会的および政治的諸条件を、ドイツの労働者たちがただちに、ブルジョアジーにたいする武器とまさに同様のものとして向けるために、またドイツにおける反動的諸階級の転覆ののち、ただちにブルジョアジー自身にたいする闘争が始まるために、労働者たちのあいだに、ブルジョアジーとプロレタリアートの敵対的対立についてのできるだけはっきりした意識をつくりだすことを、いかなる瞬間もおこたりはしない」と。これらすべての運動において、共産主義者は「所有問題を、それがとる形態の発展の程度が多かろうとも少なかろうとも、運動の根本問題として強調する」とともに「一言で言えば、共産主義者はいたるところで、現存する社会的ならびに政治的状態にたいするいかなる革命運動をも支持」し、「いたるところで、すべての国々の民主主義的諸党の提携および協調につとめる」のである。

このような『共産主義宣言』の原点におけるマルクスの自己解放の政治結社＝「党・解放組織」論の礎定が、一八四八年ヨーロッパ＝世界革命の焦点としての三月前夜《フォア・メルツ》のドイツに対する集約的な政治戦略的規定――「ドイツにたいして、共産主義者はその主要な注意を向ける。なぜならば、ドイツはブルジョア革命の前夜にあるからであり、またドイツは、一七世紀におけるイギリスならびに一八世紀におけるフランスよりも、ヨーロッパ文明一般のいっそう進歩した諸条件のもとで、またはるかに発展したプロレタリアートをもって、この変革をおしとげる（英語版では「なしとげなければならない」）からであり、それゆえドイツのブルジョア革命は、プロレタリア革命の直接の序曲でしかありえないからである」――を定めることができたのである。

そしてまた、ある意味ではそうした『宣言』の先見の通りに、ドイツ三月革命の当面の「勝利」「成功」の結果として「単一不可分のドイツ共和国」の国憲的制定をかかげてフランクフルト国民議会に結集して、プロイセンはじめドイツ諸侯国の絶対君主制・封建的土地所有に批判的に対峙したドイツのブルジョアジー・小ブルジョアジーが、競合勢力として抬頭してくる「プロレタリアートの赤い共和制」に恐怖しながら後ずさりをはじめ、逡巡・動揺・不決断を重ねながら、ついに、東欧の「赤いマント兵」を率いて来援したロシア・ツアーリズムの「向う岸からの反革命」の後見を亨けたドイツの絶対主義勢力との抱合・合体の共同反革命へと逆転するにいたったといえるであろう。

ドイツ三月革命の勝利によって、諸邦国ごとに範囲・資格は異にするものの大枠において「成人の独立した男子」の普通選挙に基づいてドイツ諸国から選出された議員で構成されたフランクフルト国民議会は、議員八三〇名の参集で五月一八日に開会された。この国会でドイツ人 Gedel Deutsche を権利主体として創出された「ドイツ国家公民権 Reichsbrgerrecht」に立脚して、ドイツ最初の憲法として制定されたフランクフルト憲法に基づいて、フランクフルト国民議会は「立憲君主制の国体」を規定して、プロイセン国王フリードリヒ・ヴィルヘルム四世を「統一ドイツ皇帝」に選出した。しかしながら、同四世は「他のドイツ諸領の同意がなければ受けられない」を名目にして、国家公民権に立脚するフランクフルト憲法を忌避して皇帝位への就任戴冠を拒否し、ここにフランクフルト憲法は流産し、「単一不可分のドイツ共和国」を志向した三月革命の国憲目標は「単一不可分のドイツ帝国」としてさえも奇型的・未完成的でしかなかったのである。これは三月革命の地域・社会反乱として、シュレージェン、ザクセン、バイエルン、バーデン、デュッセルドフ、ケルン、ライン各都市、フランクフルト等でたたかわれた農民・市民・労働者の騒擾が鎮圧されて、事態全体が「反革命の勝利」へと傾いていた形勢の議会主義的反映・決着にほかならなかった。

一八四八年一一月にフランクフルトにおいて国民議会の「民主派」議員が中心になって組織した「中央三月協会」は、四九年三月末の時点で九五〇の地域協会、五〇万の会員を擁していたといわれ、その実在的影響力は鎮圧召集を受けた後備軍（予備役）や各市民軍、中規模師団の軍隊のなかにも及んでいたといわれ、フランクフルト国民議会・憲法の流産後も、ハノーヴァー、ヴァルテンベルク、ドレスデン、プロイセン、ケルン、バイエルン、ミュンヘン、プファルツ、カイザーヌラウテルン、バーデン等々で、フランクフルト憲法の貫徹を求める後衛戦も革命余波としてたたかわれた。

わがエンゲルス「中尉」が、エルバーフェルト蜂起、バーデン＝プファルツ戦役等々に転戦したのも、この後退戦を最後まで戦ったからにほかならないが、結局敗北を重ねたかれは四九年七月一二日、革命軍最後の部隊とともに戦場から撤退してスイス国境を越えて遁走したのである。

広い意味でドイツ革命の掉尾の一戦であったウィーン攻防も、ハンガリー・コシュート革命のブダ・ペスト攻防も、ツアーリストロシア軍が東欧の「赤マント兵」を狩り立てながら長駆介入してきた反革命によって息の根をとめられたのである。

ブルジョア民主主義革命の前夜にあるとされたドイツにおいて、そのプロレタリア革命への強行転化を夢見てたたかいながら敗北を重ねた、幻のプロレタリア革命党派＝「共産主義者同盟」の残存分子としてのエンゲルス、マルクスはロンドンに再会するにいたり、両名ともにたちまち、同盟内で革命情勢の退潮・消失を認めないで直接的継続前進・再蜂起を主張するヴィリヒ＝シャッパーらの「分離同盟」との分派・分裂闘争に窓入せざるをえなくなり、そうした「共産主義者同盟」再建大会の組織的企図は、一八五一年のケルン共産党関係者逮捕までつづくが、五二年一〇月の「ケルン共産党裁判」でトドメを刺されて、マルクス＝エンゲルスは五二年一一月に「共産主義者同盟」を四八年ヨーロッパ世界革命の敗北の最終的後始末として解散をよぎなくされるにいたったのである。

それまでにドイツ三月革命に先駆して勝利したフランス二月革命も、これまたある意味では『共産主義宣言』の予見の通りに、二月革命から六月プロレタリア蜂起への連続革命へ押しやられて、パリ東部地区にフランス大革命におけるサンキュロットの勝利以来の〝常勝不敗〟の街路バリケードを築いた労働者蜂起は、カヴェニャック将軍の指揮する治安軍隊との非常戒厳令下の凄惨な市街戦を、四日間続けて、数千名の死者を出して、連続革命への道は阻まれ、革命は敗北に終わったのである。

二月革命の勝利は、その原動力となった労働者の要求である「労働への権利」と「労働の組織化」に、「ナショナル」＝穏健共和派・「レフォルム」＝急進共和派の臨時革命政府（第二共和制）は社会主義者ルイ・ブラン、労働者アルベールも入閣させて応じざるをえず、国立作業所を開設して一二万人の失業者を収容し、リュクサンブール委員会を設立して労資協議・交渉に当たらせたが、共和派ブルジョアジーは革命後半年にも満たないうちにそのブルジョア的負担・失費に耐えることができなくなり、ポーランド独立への支援・連帯を叫ぶ労働者が、「時期尚早の暴発」を危惧するブランキの制止にもかかわらず議会へ乱入したのを機会にして、反革命的反動へと転じ、国立作業場の閉鎖を決定し、リュクサンブール委員会を解体させるにいたった。それが事物の論理として、六月プロレタリア蜂起とカヴェニャック軍事裁判とのバリケード戦対決へと一挙に煮つまったのである。

第二共和制下の軍事独裁による六月プロレタリア蜂起の敗北は、政治力学からして反動的進行への道へと一路傾斜して、「ナポレオンの甥」ルイ・ボナパルトの「社会王制」独裁へといたるのである。「反動の時代」における典型的な再編支配体制である「例外国家」＝ボナパルティズムの中央集権・パリ独裁的「寄生体国家」の成立である。それに踏まえたマルクスの主体的自己総括は先に述べたごとくである

そのようなマルクスの四八年革命総括が、『共産主義宣言』が想定したヨーロッパ＝世界革命の現実的推移に即して、「ヨーロッパ反革命の牙城」＝ツアーリスト・ロシアを視野外に置

き、新大陸のアメリカ合州国をヘーゲル哲学式に「未来の国」とみなして視野外に置いた狭隘な世界革命観でしかなかったことの自己確認から、中期マルクスには次のような革命戦略の深化が生じたといえる。すなわち――

(1)　四八年ヨーロッパ革命においてフランス二月革命、ドイツ三月革命に先行する「隠れた主役」であった最先進国イギリスにおけるチャーティストの三回目・最後の大請願運動が、カソリック植民地アイルランドの被抑圧コテージ小作農のフィニーの民族解放運動とはじめて提携しながらも、首都ロンドン制圧をウェリントン将軍の非常戒厳令体制に阻まれて完敗したことの事後確認から、マルクスのイギリス・ヨーロッパ革命主体論の主柱が「農業植民地アイルランドの民族的解放なくしてはイギリスの工業労働者の社会的解放はありえない」という根本視角へと変わり、「アイルランド解放」と「ポーランド再興」をヨーロッパ革命の政治戦略的基軸に捉えるにいたったこと。

(2)　それとともに「労農同盟」の観点から「ドイツ農民戦争の再版」によって工業中心地のプロレタリア蜂起に結びつける政治戦略的構想をうちだしたこと。

(3)　「ヨーロッパ反革命の牙城」ツアーリスト・ロシアを転覆する革命的観点から、マルクスが、四八年革命の「諸民族の春」におけるハンガリー・コシュート革命の先例にみられるようなバルカン・東欧における「汎スラヴ主義」に動員されているツアーリズム下の被抑圧諸民族の民族的自立に深い関心を寄せるとともに、チエルヌイシェフスキー、ヴェーラ・ザスーリチ、ラヴロフ、ソロヴィヨフ、ゲルツェン、プレハーノフらのロシア革命家群像に結びついた「ヴ・ナロード」の運動、「土地と自由」の運動との中期マルクスの理論的・実践的交流がもたらされたこと。このツアーリスト・ロシア下の〈解放組織〉との関係が、西ヨーロッパ革命との関連性のもとに、ナロードニキと労働解放団との結節環となったザスーリッチとの関係を軸にいかに深化していったかは、後年のマルクスの有名な「ザスーリッチへの手紙」が何稿にもわたって示しているごとくである。

5　意識革命の「三つの源泉」とライプニッツ＝スピノザ哲学

マルクス的共産主義に基づく政治結社としての党組織がブルジョア社会の転覆を志向する革命党として、プロレタリアート独裁へと導く階級闘争の活舞台の場裡に存在するものである以上、それが革命運動の成否とともに生死の歴史的運命をたどることは、いうまでもないところである。

共産主義者同盟は、一八四八年革命の敗北によって解体するにいたり（一八五二年のケルン共産党裁判の時点で最終的に解散）、第一インターナショナル＝万国労働者協会は、パリ・コミューンの敗北によって事実上解体するにいたった（一八七二年の総評議会のニューヨーク移転の時点で）。そしてマルクス死後、最晩期のエンゲルスが主として主宰した第二インターナショナル＝ヨーロッパ社会民主主義諸党もまた、エンゲルス死後の帝国主義時代において帝国主義世界戦争の勃発にさいして各国ブルジョア支配者の戦時国家独占資本主義体制に組み込まれて戦争に参加するという「世界史的裏切り」を惹き起した時、恥ずべき自己崩壊をとげてしまったのである。革命党の党組織論は、このように、つねに現実の共産主義的革命運動の歴史的消長との関係のなかでリアルに分析され、特性づけられなければならない。千古不易、千篇一律の「マルクス主義的党組織論」などありえよう筈もないのであって、歴史的分析としてのマルクス主義的党組織はむしろ歴史的環境と歴史的必要に応じた千変万化の創発と陳腐化の交替によってきわだつのである。

『共産主義宣言』以来のマルクス在世中の一九世紀革命運動とそれらの運動の波頭に立った党組織の歴史的性格は、資本主義の根本的矛盾の具体的発現形態に即して、アイルランド農業恐慌とロンドン商業恐慌によって勃発した一八四八年革命を典型とした〈恐慌―革命〉連関枠組のアプローチ、ならびに普仏戦争の結果としてのパリ・コミューンを典型とした〈戦争―革命〉連関枠組のアプローチとして、タイプ分けすることができる。そのマルクス『資本論』の弁証法体系を産んだ一九世紀における両タイプのアプローチが、グローバルな規模において大合流した革命こそが、二〇世紀初頭の帝国主義世界戦争との直接的関連において顕在化したソヴィエト・ロシア革命をはじめとする労農兵評議会革命運動であって、それへの理論的アプローチがレーニンの『帝国主義論』によってなされたことはあまりにもよく知られるごとくである。そこにおけるレーニン主義の党組織論の歴史的分析は、「戦争と革命の時代」における主体的対象化の問題として別途に解明・究明されなければならないが、一九世紀における『共産主義宣言』に原点をもつマルクス的共産主義の党組織論の特性を論ずる本論ではその主題を取扱うことはできない。本書の各氏による別稿に就かれたい。

二〇世紀における「唯一前衛党」観の価値根幹にある「唯一中心」指導の形而上学的桎梏からわたしたちが晴朗に訣別するためには、以上のようにして一九世紀におけるマルクス的共産主義の政治結社原理にまで立ち戻って歴史的再検討・再検査をおこなうことが必要にして有益であるが、そのさいわたしたちは、レーニンが「マルクス主義の三つの源泉」として定式化した、近代ヨーロッパの「三重革命」――イギリスの産業革命、フランスの市民革命、ドイツの批判革命――ヨーロッパ革命に限定された「源泉」論からもより広く、より深く脱皮して、とりわけ「ドイツ的みじめさ《ミゼーレ》」にも由来する意識革命のマルクス的本貫地《ほんがんち》とされたドイツ古典哲学の思想的水脈そのものをもっと広く、深くヨーロッパ全体の近代哲学のなかに解放し、相対化して位置づける必要に迫られる。そのような思想的・理論的作業は、現実に一九世紀の歴史的条件のもとで最も豊かに人類文明史的・ヨーロッパ文明史的蘊蓄を体現したマルクスの「富」を、より一層ひきだすためにも有用である。

そうした今日的作業は、歴史的条件からマルクス主義にも当然つきまとっているヨーロッパ中心主義的思考の残滓やドイツ哲学的思考の臭気を払拭して、マルクス本来の真面目《しんめんもく》を発揚させるためにも必要であるといえるだろう。

〈党・解放組織〉の唯一中心的指導の形而上学的桎梏からの解放という行論の主題だけに限定して、近代ヨーロッパ全哲学への視野拡大のポイント二点だけを記しておくならば、第一に、イギリス産業革命の思想とみなされて、「神の手」による自由主義=自由放任思想の古典経済学としてだけ通俗的に捉えられてきたアダム・スミスの『諸国民の富』のごときも、後進的なドイツ古典哲学に優るとも劣らない思想的体系性――それも当然のことながら市民社会の体系性――を豊かに備えていたことは、スコットランド啓蒙主義の解明にともなって、スミスの『道徳感情論』と不可分に関連しているその倫理的性格、『国富論』が内有している国家論=「コモン・ウェルス」論における租税・国債論にみられる財政国家論的性格を包括する、まさしく産業革命・商品経済・市民社会・夜警国家・市民道徳・倫理の〈商業社会・商業世界〉的体系性において際立っていたことが判明する。

このような近代体系的思想性にキャッチアップしようとしたドイツ批判哲学の最高達成が、スミスらの国民経済学の摂取につとめたヘーゲルの家族・国家・市民社会・植民地の絶対哲学体系にほかならなかった、とみるべきであろう。このような哲学的・経済学的前提からでなければ、シェリング=ヘーゲル哲学批判とスミス=リカード経済学批判から出発して自らの市民社会＝資本主義批判の弁証法体系を構築したマルクスの共産主義論的営為もありえなかったにちがいない。

第二に、カントの『純粋理性批判』『実践理性批判』『判断力批判』から始まり、フィヒテ的「自由」とシェリング的「暗闇」による全体性の追究を経て、ヘーゲルの絶対弁証法体系にいたった、ドイツ批判哲学の高い哲学的山脈からは、その当時にあって外れていたヨーロッパ哲学のさらなる孤高ともいうべき高峰であるライプニッツ哲学とスピノザ哲学の画期的意義は、逸せられてしまわざるをえなくなる。

所論との関連に絞って指摘するならば、いたるところが中心であるライプニッツの宇宙論《コスモロジー》――したがってまたライプニッツ哲学においては、「窓なきモナド」がいかにして交通・交流・コミュニケートしうるかが最大問題とならざるをえなかったといえる――、重層的・偶発的決定をおこなうマルチチュード（多衆）が一元化された主体《サブジェクト》＝隷民や人民《ピープル・フォルク》＝民衆とは異質・異様・異態な真の世界主体概念であることを提示したスピノザの多衆《マルチチュード》論のごときは、二一世紀のこの現在、スターリン主義の擬似的な全能性・普遍性・共同性に対質され、ネオ・リベラリズムの普遍性強制による帝国的均質性・同一性に対質されるべき、多様な個性によって光り輝く社会的諸個人の取り結ぶ非中心的（遍中心的）な根茎《リゾーム》的（傘型樹木《トリー》状ではない）ネットワークとしての主体形成論にとって、きわめて啓発的であろう。

本章では触れることができない二〇世紀における階級攻防史・革命運動史の核心にあるレー

ニン党組織論の総括は素っ飛ばして、行論の必要上、二一世紀初頭の今日の〈党・解放組織〉の問題構制に簡単にでも触れておくとするならば、多国籍＝超国籍的な金融独占資本とドル・核帝国アメリカを世界基軸とするネオ・リベラル＝ネオ・コンサヴァティヴなグローバリゼイションに抗して、シアトルの反ＩＭＦ・ＧＡＴＴ・ＷＴＯ行動以来、そしてまた九・一一事件以後のアフガン＝イラク戦争に反対する反戦・反米行動以来、世界いたるところから励起しつつある重層的にして根茎的な主体の胎動は（スピノザ概念の現代的転用によって、国家内の反体制主体概念である「人民《ネイション》」や「民衆《ピープル》」としてではなく）、マルチチュード（多衆）としての性格定義によって時代表現されつつある。

帝国《エンパイア》の「二一世紀型戦争」と「二一世紀型恐慌」の接近・重合・合流に対して励起・胎動しつつあるこの二一世紀型主体の波頭は、二〇〇四年一月にインドのムンバイで開催された第四回世界社会フォーラムに如実に見られるごとくである。「差異を解放した収斂」「多様性に満ちた統一」としての重層的・根茎的なネットワークを自己形成しつつあるこの新しい主体の運動組織基準は〈世界社会フォーラム原則憲章〉として可塑的定式化に結晶しているごとくであり、ウィリアム・Ｆ・フィッシャー／トーマス・ポニアの最新の『もうひとつの世界は可能だ――世界社会フォーラムとグローバル化への民衆のオルタナティブ――』（加藤哲郎監修、日本経済評論社刊）が内容豊かに、かつ希望《ホープフル》にあふれて提示しているごとくである。

二〇世紀における党国家に帰結し、スターリン主義体系へと変質をとげて自己瓦解してしまった旧来「党組織論」の根源的な批判的総括の上に立って、二一世紀のわたしたちが実践的にも理論的にも豊富化・希望化しなければならない新たな組織基準は、疑いもなく、いたるところが中心であるような多衆《マルチチュード》の全世界的励起・胎動を反映したこの方向にある。

このような党組織論の今日的構成の到達水準・要求水準からみるならば、今日の日本の新旧左翼の多かれ少なかれスターリン主義的体質の宿痾的呪縛から自己治癒・自己解放できない現状はもはや完全に木乃伊《ミイラ》化した残骸にしかすぎない。

旧左翼の典型である日本共産党は、この大転換期において、二〇〇四年一月の第二三回党大会をもって、「資本主義を前提とし資本主義の枠内での民主的改革」をマニフェストとする「民主連合政府」への入閣をもって「民主主義革命」の綱領的実現とみなし、その次の転化局面である「社会主義革命」を否定して「社会主義的変革」と改称し、そのままズルズルズルーッと「社会主義・共産主義」なる未来社会へと移行する「不破新綱領」をあきらかにした。「宮本旧綱領」確定以来の四二年ぶりのこの「新綱領」確定によって、「共産党」の組織的性格は完全に「国民党」へと右転化するにいたった。昨秋一一月選挙において、「人民的議会主義路線」への完全純化をとげた不破共産党は、まさに大衆運動の自立を否定するその路線のゆえに選挙自体における大敗北を喫し、小選挙区制下の「二大政党」化のはざまに選挙の展望そのものを失いながら、「護憲統一戦線」の一翼たることも放棄して、土井社会民主党と競合することに自らの政党的生き残りを賭けて、七月参議院選挙における比例区五名当選をめざした宗派主義的選挙活動へ向けて総動員令を発しつつある。くわしくは、近刊された拙著『日本共産党はどこへ行く?』（論創社刊）について見られよ。

次に、木乃伊化的屍臭を発している新左翼の一典型として、黒田寛一の「革マル派」の「プロレタリア組織論」に、リアルな党組織論的検討を加える。

たとえば、〃唯物論的〃な「プロレタリア的人間の論理」――「物質の宇宙的必然性における自己実現の主体的契機であるところの物質的自覚」――に立脚すると称する、黒田寛一「経済哲学」に基づく『組織論序説』（こぶし書房刊、一九六一年）の「革命的前衛党」の組織理念、組織戦術のごときは、西田哲学の「絶対無の場所の論理」の密輸入による「永遠の今」論に基づいて「革命的前衛党」を「将来社会=共産主義社会の萌芽形態」とみなす、スターリン主義党組織論にさらに輪をかけシンニュウをかけたウルトラ唯一前衛党論以外のなにものでもない、と断定しうる。

すなわち、「労働者階級の前衛とは、プロレタリアートの自己解放の理論、共産主義思想を物質化し、現実化するための媒介形態としての革命的人間の組織である。前衛としての自覚、革命への献身、忍耐、自己犠牲などの資質をかねそなえた共産主義的人間への自己変革をなしとげたプロレタリア的人間を構成実体とする強固な『共同体』としての前衛組織こそは、プロレタリア的目的を革命的実践へ適用し、プロレタリアートを一階級として組織しつつ革命をなしとげるために不可欠な手段である」、「共産主義社会の組織的母胎を場所的に創造してゆくことこそが、現代におけるプロレタリア党の眼目である」（『組織論序説』）。

このような党組織論は、現にカルトの教祖黒田寛一に対するウルトラ崇拝運動によって形成されている「革マル派」のウルトラ一枚岩的同質性を作りあげてゆくのには大いに効果のある「論理」にはちがいなかろうが、外界と融絶した山中幕舎における「共産主義的人間」の「批判・自己批判」による観念的創出を求めて、絶対観念=指導者の権力的恣意による同志殺しへといたった「連合赤軍」の作風となんら択ぶところがない。このような黒田組織論に対する小西誠の批判――〈ここでは「弁証法的統一」だの、「主体的統一」だのと言っているが、「共産主義的人間」は、「前衛党的組織性」に吸収されていく以外のものではない。なぜなら、ここでは共産主義者としての個人の主体性を基軸にしての組織との統一が言われていないからである〉（『検証　内ゲバ――日本社会運動史の負の教訓』社会批評社刊、二〇〇一年）――は、完全に肯綮《こうけい》に当たっている。

黒田寛一が観念的美辞麗句としてまきちらしている、「みずからをも止揚してゆく革命的組織、政治の機能のための政治的組織、それが前衛党の本質的な性格でなければならない」、「前衛党の組織問題は、それゆえに、共産主義的人間の確立を第一の前提条件とするのである」、「前衛党のかかる疎外によって、必然的に、その手段としての意義は没却され、その自己止揚の論理と展望は見失われ、『党』そのものは自己目的化され絶対化され、そして『党指導者』=『書記長』に神聖化されるにいたる」といったたぐいの神勅的諸命題は、天地顚倒の絶対主義論理に根本的に制約されているがゆえに、事の実際的現実においては、「民主主義的中央集権制の組織原則は、組織成員の創意と主体性を根拠としつつ堅持されなければならず、それに違反するものにたいしては断乎たる組織内処分の鉄槌がくだされるべきである」（『組織論序説』——傍線はいいだ）といった、平々凡々というのにもあまりにお粗末な、全くもって時代遅れのスターリン主義的「組織規律」に帰着してしまうのである。

すなわち、組織内における粛清の論理であり、宗派間における内ゲバの論理であり、「統一戦線」における他党派解体の論理であり、大衆運動にたいする支配、統制・操縦・抑圧の論理である。それらの「陰謀史観」にまで帰着するスターリン主義的組織論が、マルクス・レーニン主義的美辞麗句にオブラート化されているだけにますますおぞましいものになる。ここにいたって、「革マル派」は「陰謀」主義的カルト集団に骨化する。そうなるとこの木乃伊化した宗派には、骨についた肉、である肯、筋と肉とを結ぶ綮もいっさい失くなってしまうから、いかなる肯綮に当った批判も受けつけなくなり、なんの痛痒も感ずることもない不感症の、そのかぎり不死身の木乃伊的「永遠の今」と化する！

イラク自衛隊派遣を転機として国憲次元における日本国憲法第九条の改憲が「二大政党」的支配層の政治日程に上っている大転換期の開始の時点での、こうした新旧左翼の惨憺たる党組織的亡状を踏み越えて、全世界のいたるところを中心とするインターネット的根茎状《リゾーム》の多衆《マルチチュード》的胎動の主体的一環としての、わたしたちの「左翼の解体的再生」に資する〈党組織論〉の検証を、ますます根底的に断乎として共同推進しなければならない。

6　意識と実践、主体と客体のマルクス的弁証法の根底から

存在＝実践＝認識の関係性において対象的世界でもあれば主体的世界でもある弁証法的構造をもつ世界＝天下は、日々に新たなものとして自己再生産・自己更新の生成発展・分化をつづけており、宇宙的スケールにおいて無限に広大なその重層的複雑系は、とりわけその尖端に人間社会史＝人類文明史を発展させた地球上の生物の誕生以来、それが本然的に固有する多様性を極めて豊かに共進化させてきており、そのようなエコロジカルに相互依存的・相互扶助的な多様性の共存・統一が尊重され保全・発展させられなければ、およそ人間社会史＝人類文明史の歴史的発展そのものもありえない。今日の資本のグローバリゼイションの文明化＝野蛮化作用にみられるように地球上の多様性が減衰させられるならば、人間社会そのものの存続可能性自体もありえなくなるのである。

このような多様な個性をもつ実存として有限な一回限りの生を生きる人間の人間たる所以について、東西交通の「枢軸《アクシス》の時代」に自己啓示の悟り＝（覚り）を開いた釈迦＝ゴーダマブッダ

は、天上天下唯我独尊と唱えた。それは主観的（迷妄的）独善の宣言ではなく、まさにその正反対に、東西南北無限に広袤《こうぼう》たる天上天下に生をうけた人間的実存のかけがえのない唯一者としての悟り（覚悟・覚醒）のほとばしりにほかならない。

そのような唯一者としての実存的個性を保証しえない、いかなる宗派《ゼクテ》・いかなる僧坊（教会）も、それぞれにかけがえのない多様な主語を於てあらしめることのできる述語的場所ではありえないのであって、そのような教派・教会はいかに唯一真理の体現者として自己誇示・自己宣伝しても、所詮は擬似普遍性・似非共同性の虚仮《こけ》でしかありえない。

二〇世紀の歴史的経験に即していうならば、先験的・全体的な真理《プラウダ》の独占者としてのスターリン主義の「唯一前衛党」「無謬の党中央」のごときは、そうした擬似普遍的・似非共同的な迷妄の虚仮集団以外のなにものでもなかった。「全能・無謬のスターリン」への帰依の超個人崇拝に全党をあげて共同幻想的昇華されたスターリン主義体系化の事例に典型的にみられるように、物神崇拝された〈党〉は、虚偽意識としての虚仮＝真理の体系以外のなにものでもなくなるのだ。

近代の批判哲学の絶頂として観念論的全体性の神義論を展開したヘーゲル哲学の左派＝青年派から出発しながら、その全体哲学から自己脱皮をとげて共産主義的立場性へと飛躍・移行した初期マルクス＝エンゲルスにとって、「フォイエルバッハ的熱狂」にもまして、『唯一者とその所有』をもって立ち現れたマックス・シュティルナーの与えた「シュティルナー・ショック」が決定的転換の禅機となったことは、『ドイッチェ・イデオロギー』（一八四五年）の過半数ページを占める「聖マックス」章において知られるごとくである。

シュティルナーの「唯一者」思想は、ヘーゲル絶対主義の擬似普遍性とプロシャ的共同性を食い破ったばかりでなく、ヘーゲル哲学が「自由の意識の歴史的進化」の極限における「歴史の終焉」として位置づけたプロテスタント的「神」の全体的普遍性がその実は「類的存在」としての人間の普遍的本質の逆倒された虚仮であるとみなしたフォイエルバッハ『キリスト教の本質』（一八四一年）の「人間学的唯物論」における類的人間をも、食い破ってしまう唯一者的実存の強烈な提示にほかならなかった。

そのようなシュティルナー『唯一者とその所有』（一八四五年）による近代主義的な擬似普遍性ならびに似非共同性に対する根底的疑惑・批判は、フォイエルバッハ主義への傾倒下にマルクスが『パリ草稿』（一八四四年、いわゆる『経済学・哲学手稿』）が疎外論的水準において提起した、疎外された人間存在の類性＝全面性を回復する（取り戻す）という命題に対しても、根底的批判として向けられたものであった。

この「シュティルナー・ショック」は、当時ひとしくヘーゲル左派から共産主義的立場性へと移行しつつあった若きマルクス、エンゲルス、ヘスに対しても決定的影響を及ぼしたのである。その結果、かれらの共同草稿であった一八四五年執筆の『ドイッチェ・イデオロギー』において、「人間」という主体規定に替わって「諸個人」という主体規定が登場するにいたる。

「すべての人間存在の最初の前提は、いうまでもなく生きた人間諸個人の存在である」と。いかなる類的普遍性といえども、かけがえのない実存意識を内有するにいたった唯一者的諸個人の尖端的主語を、包摂しきる述語たることはできないのだ。

シュティルナーの批判に対するマルクスの応答の新たな「市民社会の唯物論」的立場は、『フォイエルバッハへ』テーゼ（一八四五年）に表白された「社会的諸関係のアンサンブル」としての「現実的諸個人」の定義にほかならない。初期マルクス自身によるこの社会的諸個人の再定義が、いかに術語上も未踏の独創を要する概念化作業であったかは、ドイツ語とフランス語をカクテル混合したこの「社会的諸関係のアンサンブル」という用語自体に如実にあらわれているごとくである。そこから見返したマルクスによる「聖マックス批判」は、「唯一者」はなるほどかけがえのない実存的意識の持主ではあるにしても、その「所有」とはブルジョア社会において最高度化した「私的所有」という支配階級意識にすぎないではないか、という批判に尽きる。

この初期マルクスによる Individuum の新定義は、その後の『経済学批判要綱』（一八五九年）段階にいたって、「労働力商品化」論を介して初期の〃経済哲学〃的=疎外論的水準から断然自己蟬脱をとげて（ルイ・アルチュセール式にいえば「認識論的切断」をとげて）、次のように彫琢され精密概念化される——

「人間は歴史的過程を通じてはじめて個別化される。かれは本源的には一つの類的存在者、種族的存在者、群棲動物として——けっして政治的意味での一個のポリス的動物としてではないが——あらわれる。交換そのものがこの個別化の主要な一手段である」

「一八世紀に、『市民社会』ではじめて、社会的連関の種々の形態が、個人に対立してかれの私的目的のたんなる手段として、外的必然性として、あらわれてくる。だがこのような個別化された個人の立場を生み出す時代こそ、まさしくこれまで最も発展した社会的な（この立場からすれば、普遍的な）諸関係の時代なのである」

註釈的解義を加えるならば、「資本—経済学批判」体系の弁証法的円環化を深化させつつあったこの中・後期マルクスの「社会的諸個人」「現実的諸個人」の概念的定義は、すべての人間社会史の最初の前提の抽象的確認にとどまるものではなく、太古の本源的共同体の「群棲動物」存在とも古典古代のポリス都市国家の「社会的動物」存在とも区別される、商品交換社会の発展を介して一八世紀に世界史的に西欧出自で出現した「市民社会」＝ブルジョア階級社会においてはじめてあらわれる「個別化される個人」の立場——人間同士の交通《フェアクール》が互いの「私的目的の手段」＝「外的必然性」としてあらわれてくる特異な「普遍的諸関係の時代」の所産——として特定化されたのである。

こうした労働力商品化に基づく人間・人間関係の交通の普遍化が、人間・自然関係の労働過程の剰余価値生産過程化を介して、物象化関係として進展する近代的状態においては、個別化された社会的諸個人は、資本による労働の実質的包摂にともなって、「機械の意識する付属品」「一つの社会的細部機能の担い手でしかない部分個人」（『資本論』第一部）に化することとなる。

スターリン主義体系における「階級一元論」と称した、「階級」が主体なのか「個人」が主体なのかという「階級還元論」的二分法、生きている個人の階級組織への隷属、機械の「ねじ釘」「歯車」としての個人の「党」的位置づけ等々のごときは、マルクス主義的組織論とは似て非なるものの最たる虚仮であって、「全能・無謬の党」の物神崇拝を支える転倒・倒錯意識以外のなにものでもないのである。

「人間社会史」の最後の「前史」としての近代社会において析出された「近代的個人」の人類史的位置づけについて、マルクスは『経済学批判』貨幣章の「人類史の三段階」（望月清司）把握において次のように定位した。すなわち――「他の人間との自然生的な類的連関の臍帯からもまだ離脱していない個人的人間の未成熟」（『資本論』第一部）を特徴とする、血縁的・地縁的な共同体＝身分社会に埋没している「人格的従属」段階→資本‐賃労働関係を基軸として商品交換の発展が全面化・世界化する近代市民社会における「物象的従属のうえに基礎づけられた人格的独立」段階→プロレタリア革命の社会変革によって画期される将来社会の「諸個人の普遍的な発展の上に、また諸個人の共同的・社会的な生産性をかれらの社会的力能として服属させることの上に基礎づけられる、自由な個性の社会形成」段階――。

この人類史の再構想からふりかえってマルクスの『ドイッチェ・イデオロギー』における初

志――「諸個人が諸個人として行う交通」「世界史的な、経験においてユニバーサルな諸個人」を位置づけ直すならば、ブルジョア社会の唯一神教的な「造物主《デミュルゴス》」として世界市場に君臨するブルジョアジーという「世界史的存在」に全面対峙する、「世界史的存在」としてのプロレタリアートとは、そのような潜勢的主体としての想像力的階級の謂《いい》にほかならない。

このような想像力的階級が、ブルジョア社会を総体的・根底的に転覆し転換させる潜勢力として単に留まることではなくて、現実にそのような近代世界の転覆・転換を形象化する革命的パワーとして顕在化するためには、党形成・階級形成の相互媒介的な形成力（形象力）を必要不可欠とする以上、そのような労働者階級の自己解放の大業の推進力（その先進的中核が〈党〉にほかならない）が、実践と意識の弁証法を必須の媒介として歴史的に自己形成されるものであることはいうまでもないところであろう。

通俗的マルクス主義ないしはいわゆるマルクス・レーニン主義においては、そのような労働者階級の自己解放の実践的弁証法の媒介である意識＝意識革命的形象力について、「プロレタリア的イデオロギー」とか「階級意識」として定義するのが常であったが［二〇世紀的現代における レーニン『なにをすべきか？』（一九〇二年）におけるプロレタリアートの「労働組合主義《トレード・ユニオニズム》」「経済主義《エコノミズム》」を外部からのその意識注入によって突破すると想定される「社会民主主義的意識」「プロレタリア・イデオロギー」や、ルカーチ『歴史と階級意識』（一九二三年）におけるプロレタリアートが物象化を主観的に突破するとされる「階級意識」は、その典型的な最尖端的定義である」、マルクスはブルジョア歴史家やブルジョア経済学者がブルジョア社会の現実に即して発見していた「階級」「階級闘争」概念を革命的にかつ歴史的に鍛造して、先述した「ヴァイデマイアーあての手紙」にみられるようにかれが『共産主義宣言』において初提示した「今日ブルジョアジーに対立しているすべての階級のなかで、ひとりプロレタリアートだけが、真に革命的な階級である」と人類文明史の根源的転換の「前史」と「本史」との境位を分かつ「真に革命的な階級」としての根本的特性に応じて、再定義したのである。

いいかえるならば、マルクス的共産主義におけるプロレタリアートの革命組織=党組織とは、そのような生産のブルジョア文明的発展段階と結びつく世界史的存在としてのプロレタリア階級が、「プロレタリアート独裁」へと導かれ「階級のない社会」への「過渡期」をも継続革命しぬく総体的にして継続的な政治=社会革命の〈党〉にほかならないのである。そのような〈党〉についてのプロレタリアートの自覚は、けっして「プロレタリア的イデオロギー」や「階級意識」によってもたらされるようなものではないのであって、したがってマルクスの古典は一度たりといえども「プロレタリア的イデオロギー」や「階級意識」という用語を使わなかったのである。

マルクスの唯物論的歴史把握が生産力と生産関係の矛盾の力動的な場として布置した「上部構造」におけるイデオロギーや社会意識は、「資本—経済学批判」の弁証法体系によって商品・貨幣・資本の「物神性」の解明によって概念的に彫琢された鍵概念であるのであって、

「マルクス・レーニン主義」的に通俗化された「プロレタリア・イデオロギー」や「階級意識」には収斂しえない概念なのである。

エティエンヌ・バリバールの『マルクスの哲学』（一九九三年—邦訳・法政大学出版局刊、一九九五年）の剴切《がいせつ》な指摘によるならば、マルクスは「階級も分業と意識との二重の平面の上に存在させることによって、それゆえまた同様に諸階級への社会の分割を思考の一つの条件あるいは構造とすることによって」、上部構造としてのイデオロギー、社会的意識を位置づけることができたのである。バリバールは言う——「問題があるとすれば、そのような社会的意識（Bewusstsein）がますます社会的な存在に対して自らを自立させていき（いいだ註——初期マルクス的術語で補注しておけば『疎外』『自己疎外』現象である）、ついには非現実的で空想的な『世界』、すなわち外見的な自主性を授けられ、現実的な歴史に取って代わるような『世界』を出現させるに至るとはいえ、いかにして同時に社会的な存在（Sein）に依然として依存したままでありうるのかを理解することであろう」と。

マルクスの「導きの糸」としての唯物論的歴史把握の「公式」における〈国家的・法的・イデオロギー的上部構造〉の総体的な特性——Bewusstsein と Sein の特異な節合様式——を把握するのでなければ、わたしたちは主体と客体との二元論から抜け出すことはできないのであり、マルクス的弁証法の真髄である社会的意識と社会的存在の節合、実践と意識との関係、実践におけるプラクシスとポイエシスの移行関係の了解に達しえないのである。

このようなマルクス的な実践的唯物論に基づく差異の弁証法によってはじめて、一方からいえばプラクシスはたえずポイエシスのなかに移行し、またその逆でもあるなかで、「自己変革でないような労働もまたけっして存在しない」ことが自証されるのであり、他方においては、実践=生産に見合うものとして、観想《テオーリア》=理論は「意識の生産」として取り扱われうるのである。

この点は、『ドイッチェ・イデオロギー』において最初期マルクスが「聖マックス」批判として、いかにして、かけがえのない・互換不能の「主語」として「唯一者」である実存を立てて、それを於て在らしめる有の「述語」の場所はありえないとするシュテイルナーの尖鋭な主張――ヘーゲルの絶対体系を顚倒させたと称するフォイエルバッハの「人間学的唯物論」水準における「有の述語」=人間の本質のごときは、近代社会に特有な擬似普遍性・似非共同性であって、「唯一者」の実存的個性を抑圧する共同幻想にすぎないとする主張に対して根底からの反論を試み、「社会的諸関係のアンサンブル」としての現実的個人という観点をうちだしたか、という枢要点を理解する上でも決定的である。

このようなマルクスの唯物論的歴史把握の観点の創発によってはじめて、シュティルナーによる、諸観念は聖なるものの表象であるかぎり実存的個人を解放するのではなく抑圧するという尖鋭な主張――そうした〝シュティルナー・ショック〟的指摘によって「聖マックス」は政治的にして社会的な「現実的諸潜勢力の否認」をその極みにまで徹底貫徹させようとするのだ――を根底から逆転させて、そのような「唯一者とその所有」の提唱者=批判者自身に、唯一者と私的所有との関係、抑圧諸観念と抑圧権力との結び目を自ら解いてみよ、と迫ることができたのである。バリバール式に釈義していえば、マルクスにおいては「支配（抑圧）の問題はイデオロギーという概念の仕上げのなかにいつもすでに含まれているものなのである」。

その問題機制は、初期マルクスの『パリ草稿（いわゆる「経済学・哲学草稿」）』（一八四四年）の課題でいえば、「（人間の自己疎外である私的所有の積極的揚棄としての）共産主義的人間と自然との間の、人間と人間との間の抗争の真実の解釈であり、現存と本質との、対象化と自己確認との、自由と必然との、個人と類との間の争いの真の解決である」とされたのであるが、その場合「理論的な謎の解決がどれほど実践の課題であって、実践的に媒介されているか。真の実践がいかに現実的でポジティヴな理論の条件であるかは、たとえば物神崇拝《フェティシズム》の場合に明らかである」とされた。この「物神崇拝」はくりかえしいえば、後期マルクスにおけるブルジョア社会での商品・貨幣・資本の物神崇拝の剔抉《てっけつ》によって決定的に深化させられたのであるが、このような実践《プラクシス》と理論《テオリー》の相対媒介の構造は、マルクスにおいては「客体―主体の弁証法」によって解明されたものにほかならない。

すなわち、主体の諸力を対象（客体）のうちに表出する「対象化」と、対象（客体）を主体がわがものとして獲得する「非対象化」とを、客体とかかわりあう主体の実践過程おける二つの相依的側面として把握するマルクス的弁証法によってこそ、人間と自然の関係行為（労働を基軸とする）においても、人間と人間の交通関係（言語的意識としてのコミュニケーション行為をふくむ）においても、主体がなければ客体はなく、客体がなければ主体はない、あるいはまた自己がなければ他者はなく、他者がなければ自己はない、という相対関係が自証されるばかりでなく、主体が客体化＝対象化され、客体は主体化＝非対象化されるという相互媒介関係もまた自証されるのである。

このような関係性の弁証法のなかに、社会的意識ならびに党意識（本来のマルクス的定義を逸脱・歪曲した定義でいえば、レーニンの「社会民主主義的意識」、ルカーチの「階級意識」）は、深く根差した内発的な gesellschaftlchhes Bewußtsein（社会的意識）として織りこまれているのである。階級形成・党形成の顕在化的形象化の根本義は、この社会内在的な内発性に求められなければならない。わたしたちの党組織論の頂点も、そうしたマルクス的原点にまで立ち戻らなければならないのである。

第5章　コミンテルンの加入条件二一カ条とスターリン主義組織論

来栖宗孝

1　コミンテルンの創設について

コミンテルン（共産主義インタナショナル）は、一九一九年三月二～六日の間に、ロシア・モスクワで第一回世界大会が開かれ、コミンテルン創立が決議された。大会は、レーニンによって指導され彼の報告「ブルジョア民主主義とプロレタリア独裁について」及び彼のテーゼ（『レーニン全集』大月書店版〔以下同じ〕第二八巻四八七頁以下）を中心として、諸議案が審議されそれぞれが承認・決議された。

ここではその詳細を論ずることは割愛するが、中心となった思想は、ソヴィエト形態による革命と革命におけるプロレタリアート独裁である。これが長くコミンテルンを支配する思想となったことに、その後のコミンテルン及び各国共産党の推移――あえていえば運命――を規定することとなるのである。

コミンテルン第二回世界大会は、一九二〇年七月一九～八月六日の間に開催された。開会式は、一〇月革命発生の地ペトログラードで行われた。実際の活動は、七月二三日に会場をモスクワに移してはじめられた。

第二回大会は、三七カ国の共産党及び共産主義組織並びにドイツ独立社会民主党、イタリア、フランス社会党その他が参加した。第一回大会では、共産党としてはロシア及びロシア国内諸民族の共産党並びにドイツ、オーストリア、ハンガリア、ポーランドの東・東南欧の諸国の共産党の参加に留まっていた（他は共産党未結成）。第二回大会には、これらにアメリカ、ブルガリア、ユーゴースラヴィアをはじめ一一カ国の共産党結成、八カ国のコミンテルン加盟声明、決議をした共産党及び後日分裂して共産党を結成する前記諸社会党（左派）を含めた、実質的な世界大会となったのである（日本及び中国では未結成）。

本大会は世界全体からの参加だけではなく、組織として必要な多くの諸規定を決定した点において、コミンテルンは第二回大会によって実質的な世界党となったのである。

レーニンは、大会前の四月、『共産主義の左翼小児病』（全集第三一巻冒頭の論文）を著わし、三カ国語に翻訳までして大会代議員に配布し、その上に立って大会冒頭「国際情勢と共産主義インタナショナルの基本的任務について」（同巻、二〇七頁以下）の報告を行った。これが大会の基調となった。

大会で制定又は決議された事項は多岐に亘ったが、ここでは組織問題に絞れば、

一　コミンテルン規約（テクスト、資料四一、二一九〜二二二頁）
二　コミンテルンへの加入条件（同四〇、二一四〜二一八頁）
三　共産党の役割と機能（同三九、二〇七〜二一四頁）
四　議会主義についてのテーゼ（同四二、二二二〜二二九頁）
の四つである。

これらのうち、二と一を検討するのが本稿の主な課題である。

（本稿で使用するテクストは、前出『レーニン全集』〔第三一巻所載〕、コミンテルン大会に対するレーニンの諸論稿及び『コミンテルン資料集』〔第一巻、村田陽一編訳、大月書店〕の「共産主義インタナショナル第二回大会」〔一九二〇・七・一九〜八・七、資料三五〜四九、一七六〜二八五頁〕である。）

第二回大会当時、まさにそのとき、ポーランドは反共反ソヴィエト行動をとりウクライナ、白ロシア領内に侵入していた。ソヴィエト赤軍はこれを領内から駆逐したが、「革命は輸出できない」との持論にもかかわらず、レーニンはポーランド人民は革命と社会主義を望んでいる（なにしろローザ・ルクセンブルクを生んだ国であり、現役のソヴィエト政府指導者の一人、フェリックス・ジェルジンスキーもポーランド出身であるから）として、トロツキーの反対を押し切って赤軍に攻勢をとらせた。赤軍は首都ワルシャワを目指して進攻していた。

この攻撃は、兵力集中の原則を破り、スターリン＝ウォロシーロフ軍が西方に転じたため失敗してしまった（攻撃軍司令官トハチェフスキー将軍が、スターリンの分派行動を非難したことが、後年権力を握ったスターリンによるトハチェフスキー粛清の遠因となった）。

コミンテルン議長ジノヴィエフが述べたところによると、大会ホールには大きな地図が掲示されてあり、毎日その上に赤軍進撃の地点を記し、大会代議員は息づまる期待でそれをみつめていた。ドイツ独立社会民主党の代表ドイミッヒは、赤軍が前進する一マイルは革命に対して拍車をかけ、ドイツ革命への一歩々々である、と演説するほどであった（いいだもも著、『コミンテルン再考――第三インタナショナル史と植民地解放――』一九八五年、谷沢書房、四六頁）。

大会で決定された諸決議や諸規定は、革命が東・中欧をまさに席巻しつつあるという雰囲気のなかで採択された、と後にヴァルガは述べている（いいだ、同前、同頁）。これから述べる諸規定を考察する場合、このような信念と熱気を了知しておくことが理解と評価に役立つであろう。

レーニンが、ロシア一〇月革命を強行した基底には、西欧、特にドイツのプロレタリア革命が切迫していると確信し、その勝利に熱い期待をもって開始したことは、彼が「一〇月」の直前に書いた諸論文で明らかである。「われわれは、プロレタリア世界革命の門口に立っている」（「危機は熟している」一九一七年九月二九日、全集第二六巻七〇頁）。トロツキーはじめ、ボリシェヴィキの大半は国際主義者であって、「一国社会主義」論者ではなかったのである。

2　コミンテルン加入条件二一カ条の解題（一九二〇年八月六日会期決定）

この加入条件は、本条に入る前に前文があるが、全文を引用することは紙幅上困難であり、また必要ないであろう。要点を抽出すれば足りる。前文の要点は三つに絞られる。以下括弧内（そのときどきに、特に注記するものを除く）及び傍点は、評註とともに筆者のものである。

(1)　第二インタナショナルは最終的に粉砕された。

(2)　共産主義者の誰一人として、ハンガリー・ソヴィエト（タナーチ）共和国（一九一九年三～七月）の教訓を忘れてはならない。ハンガリーの共産主義者がいわゆる「左翼」社会民主主義者と合同したことは、ハンガリーのプロレタリアートに高い代価を支払わせた（合同しなければタナーチ共和国発足もできなかった。また、合同しなければハンガリー革命は成功したとでもいうのか）。

したがって、

(3)　コミンテルン第二回世界大会は、新しい加入を承認するためのまったく厳格な条件を定める。

以下、本条文に入るが、全文記述すると長くなるばかりなので主要内容を述べ、解説を加える。

第一条　日常の宣伝と煽動は、真に共産主義的性格をもっているべきで、コミンテルンの綱領（未定、決定は一九二八年第六回世界大会）及びすべての決定に合致しているべきである。プロレタリアートの独裁とは口先のことではなく、毎日の出版物、生活上の諸事実に基づいて、その必要性を普通の男女労働者、兵士、農民一人ひとりに理解できるよう宣伝しなければならない。

合法・非合法、定期・不定期を問わず出版物は完全に党中央委員会に従属しているべきである。

出版物上で、民衆集会で、労働組合・協同組合でどこでも、ブルジョアジーだけでなく、その助手であるあらゆる改良主義者（社会民主党、アムステルダム黄色組合等）を系統的に容赦なく糾弾するべきである。

第二条　コミンテルンに所属する全組織は、労働運動内の一定の責任ある部署（党組織、編集部、労働組合、議員団、協同組合、地方自治体等）（括弧内は原文）から、計画的・系統的に改良主義者や「中央派」（社会民主党内の中間派）の支持者を排除して、共産主義者と置きかえる義務がある。この場合、はじめのうち「練達な」活動家を普通の労働者と交替させなければならないことがときにはあっても、これにこだわってはならない。

［評註］　練達の社会民主党活動家を放り出すためには、普通の労働者共産党員に置きかえてもよい。労働組合の強化よりも、共産党がそれを支配し操縦することの方が肝要なのである。これはほとんど悪魔の所業である。同時に、共産党フラクションの存在が大衆諸団体から嫌悪されることになる。

第三条　ヨーロッパとアメリカのほとんどすべての国で、階級闘争は内乱の局面に入ろうとしている。

こういう条件の下では、共産主義者はブルジョア的合法性を信頼できなくなる。共産主義者は、どこでも（傍点、原文）合法組織と並行的な非合法機構を作り出す義務がある。

戒厳状態又は例外法のために、活動を合法的に行うことができないすべての国で、合法活動と非合法活動を結合することは無条件に必要である。

［評註］「内乱の局面」という情勢判断が、このときのコミンテルンの諸規定――戦略・戦術、政策・運動方針と形態及び組織形態を規定した。

「例外法」とは、「社会主義者人権例外法」のこと。ビスマルクが一八七八〜一八九〇年の一二年間、ドイツ社会民主党を非合法化した法。この弾圧下にあってもドイツの党は拡大伸長を続け、選挙ごとに国会議員当選者を増加していったため、一八九〇年同法は廃止され、さすがのビスマルクも首相を辞任した。日本では治安維持法だが一九二〇年当時は未立法、主として治安警察法、新聞紙法等言論・出版物取締諸法によって左翼を弾圧していた。

第四条　共産主義思想をひろめるという責務の中には、軍隊内でねばり強い、系統的な宣伝を行うことが特に必要であることを含んでいる。この煽動が禁止されているなら非合法に行わねばならない。

この活動を拒否することは革命的責務を裏切ることに等しい。

第五条　農村における系統的・計画的な煽動が必要である。労働者階級は、農村の雇農と貧農のせめて一部を味方につけ、またその政策によってその他の農村住民の一部を中立化させないでは、自己の勝利を固めることはできない。

現代の時期には農村での共産主義活動は、第一級の重要性をもっている。この活動を拒否したり、信頼できない半改良主義者の手にそれを委ねたりすることは、プロレタリア革命を断念するのに等しい。

［評註］　共産党の教条にいう、労働者階級を指導者とし、それに農業労働者及び貧農と同盟軍とする、という定式からみて「せめて一部」を味方につけ、とは自信のない表現であり、

農村における共産党組織の弱体を告白している。

「第一級の重要性をもっている」といいながら、前項では「せめて一部」、「その他の農村住民の一部」（だけ）を味方にするか、又は中立化することしか実現できないことを意識しているのであろうか。

本条は、他の条文（対照的な次条と第七条）と較べ歯切れの悪い文となっている。

第六条　コミンテルンに所属する党は、露骨な社会愛国主義者だけではなく、また、社会平和主義者のいつわりと偽善をも暴露する義務がある。すなわち、資本主義を革命的に打倒しないかぎり、どんな国際仲介裁判所も、どんな軍備条約も、国際連盟のどんな「民主的」（括弧は原文）改組も、人類を新しい帝国主義戦争から救ってくれないということを、労働者に対し系統的に証明する義務がある。

［評註］　本条は、第二条、前条及び次条、第九、一〇条と併せて三つの問題を含んでいる。

(1)　字義又は概念規定の問題。

「改良主義者」（第二条）と「半改良主義者」（前条）との区別はどのようなものか。

「中央派」（第二、七条）、「露骨な社会愛国主義者」（露骨でないそれはよいのか）、「社会平和主義者」という諸「主義者」は、共産党がレッテルを貼った社会民主党内の様々な流派のことである。それらの連中は、どんな理論と実践なのか、また、それらの「いつわり」と

「偽善」とはどのような事実なのか。概念規定もなければ、はじめから説明抜きの価値判断語を使用している。

各国共産党の幹部ならば、これらの人々のことを説明抜きでも了解できるかも知れないが、一般の党員は説明無しでは理解しがたいであろう。理解しがたいということは、(宗教的)秘教か、ジャーゴン(jargon)(訳のわからぬ語、業界隠語)か、レッテルでしかないことである。また「暴露する義務」ということも、グラムシ的にいえば労働者階級の知的・道徳的へゲモニーを獲得するやり方ではなく、暴露の前にていねい、かつ繰り返される思想的理論的教育、批判が行われなければならない。
(2) 第一文と第二文とを「すなわち」で結んでいるが論理的関連がない。社会民主主義者攻撃に性急で、冷静さを失い結論を叫びたてたようなものである。すなわち、コミンテルン特有の次の論理がここに介在しているのである。
(3) 西欧及びアメリカにおけるプロレタリア革命の勝機は眼前にある。階級闘争は内乱の局面にはいりつつある(第二条)。然るにこのとき、社会民主主義者は革命を回避し、あるいは恐怖し、資本主義の漸次的改良、対内外の平和主義を唱えている。これは革命の妨害である。そこで、これら社会民主主義者の様々な流派の誤った理論や活動(「裏切り」)を暴露し非難することによって、その傘下にある労働組合や勤労者一般が共産党の正しさを知り、社会民主主義者を見捨て排除して、共産党の指導の下に革命に立ち上がるであろう。そのとき革命は成功するであろう、という「理論」なのである。1で述べたように、レーニンの「われわれは、プロレタリア世界革命の門口に立っている」という情勢分析又は判断が働いて、このような「理論」、正しくはセクト的戦術となったのである。

事実、歴史上この戦術が成功したのは、ロシア一〇月革命ただ一つのみで、他に成功した例はただの一つもないのである。

ただし、「新しい」（第二次）帝国主義戦争が現実に発生した（一九三九年）のであるから、本条の見透しは誤りではなかったのである。

第七条　コミンテルンに所属する党は、改良主義者や「中央派」（鍵括弧、原文）の政策と完全に、絶対的に絶縁する必要があることを承認し、この絶縁を最も広範囲の党員の間で宣伝する義務がある。これなしには首尾一貫した共産主義的政策は不可能である。

コミンテルンは、この絶縁をできるだけ短期間内に実行することを、無条件に、最後通牒的に要求する。

例えば、トウラティ、カウツキー、ヒルファディング、ヒルキット、ロンゲ、マクドナルド、モディリアーニその他のような著名な日和見主義である。

［評註］　本条は、第二条、第五条最終文及び前条の趣旨と共通している。

「絶対的に」、「できるだけ短期間に」、「無条件に」、「最後通牒」を突きつけるのでは、反感と憤激を招くばかりである。

最後に、絶縁すべき改良主義者、「中央派」の代表例として各国の個人名を掲げている。この個人名指名は、本加入条件二一カ条の中で、もっとも醜悪、破廉恥で、誤った非常識な規定である。これらの人々は、ドイツ、イタリア、フランス、イギリス、アメリカの著名な指導的社会民主主義者で、各国の勤労人民から支持されている。このような個人誹謗は本人だけではなく、それを支持する多くの人々まで敵に廻してしまう。

これらの中に、「修正主義」の元祖エドヴァルト・ベルンシュタイン、オーストリアのマルクス主義者オットー・バウァー、カール・レンナーが含まれていないことも不可解である。

ベルンシュタインとカール・カウツキーは論敵であるが、共に独立社会民主党に属し遅れはしたが戦争反対に転じ、政府提出の戦時予算案に反対投票を続けた。同党は、現に本第二回大会に参加している。ルドルフ・ヒルファディングはオーストリア出身で「金融資本論」の著者、レーニンの『帝国主義論』の重要な参考文献となった。ラムゼイ・マクドナルドは、戦争開始後も反戦を断乎として唱えてイギリス官憲により逮捕拘禁された。右翼社会民主主義、正しくはイギリス、フェビアン協会社会主義に属し、マルクス主義者ではないからコミンテルンから非難されても別にこたえないであろう。

さらにまた特に、ジャン・ロンゲはフランス社会党（発足当時は労働党）の古くからの指導者で、マルクスの長女イェニー・ロンゲの息子、マルクスの唯一の成人した男子の孫である。

彼は、マルクスの孫としてマルクスの線を堅持すると称し、レーニン等のロシア・マルクス主義は祖父マルクスの理論・学説とは異なるものとして、最後までフランス共産党の勧誘を拒否し社会党員として一生を終わった人である。

因みにロンゲの墓は東部パリ市のペール・ラシェーズ墓地第九七区にある。このことは本稿にとって余談に聞こえるがそうではない。一八七一年三月一八日、パリ・コミューヌ政府が成立し、ティエールのブルジョア政府は、ヴェルサイユに退却した。前年七月に発生したフランス対プロイセン戦争にあっけなく敗退し、皇帝ナポレオン三世が俘虜となる醜態によって解体された帝制に代わり、降伏条件を受け入れたティエールは勝者プロイセン軍の協力を得て、七一年五月に入りパリ攻撃を開始した。コミューヌ軍は勇戦奮闘したが衆寡敵せず、その上城壁外をプロイセン軍に包囲されて脱出もできず、同月最後の一週間の戦闘の末、ペール・ラシェーズ墓地内及びベルヴィル地区の戦闘で玉砕した。

同墓地東南隅に追いつめられたコミューヌ戦士一一七人（一二四人ともいう）は、ヴェルサイユ軍の農民兵に外壁前で射殺された。現在その場所に記念の大理石のプレートがはめこまれており、その前には年中花が供えられている。

カール・マルクスは、国際労働者協会（第一インター）総務委員会名による宣言文を発表した。通常これは『フランスの内乱』として人口に膾炙《かいしゃ》している。コミューヌが戦闘不能になったのが五月二七〜八日、そのわずか二日後の同三〇日にマルクスは長文の論文を総務委員会で読み上げたのである（『マルクス・エンゲルス全集』第一七巻、大月書店版、二九三〜三四五頁、及びそのための二つの草稿、同四六三〜五八三頁、草稿の方が長い）。

マルクスの『内乱』は、パリ・コミューヌの実践経過を昇華し、結晶化し、理念化したものである。これを承けて、レーニンは一九一七年一〇月革命までに未完ながら『国家と革命』を書き上げていた（『レーニン全集』第二五巻、四一〇頁以下）。レーニンは、パリ・コミューヌの遺髪を継ぐものこそ一七年二月以降のロシアの（労働者）ソヴィエトであると断じた。パリ・コミューヌは地区（セクション）ごとの地域別選出、ソヴィエトは職場（兵士の場合は中隊単位）ごとの選出で異なっているが、ともに「労働者階級が終に発見した政府形態」であると規定した。みられるとおり、実践の経験も、理論化作業も、コミューヌとソヴィエトとは赤い糸で繋がっているのである。

フリードリヒ・エンゲルスは次のように断じている。「ドイツの俗物（社会民主党の俗物、引用者）は、近ごろプロレタリアートの独裁ということばを聞いて、またもや彼らにとって薬になる恐怖におちいっている。よろしい、諸君、この独裁がどんなものかを諸君は知りたいのか？　パリ・コミューンを見たまえ。あれがプロレタリアートの独裁だったのだ」（カール・マルクス『フランスにおける内乱』〔一八九一年版〕への序文、全集同巻、二〇五頁）。

コミンテルンの加入条件、規約その他の諸規定でくり返し強調される「ソヴィエト形態」、「プロレタリアの独裁」は（現在、この二つの運動及び概念がどう批判されようと）当時、一八七一年～一九一七年には、実践的・理論的に承継されていたのだ。ペール・ラシェーズ墓地のコミューヌ戦士たちの墓碑を挟んで、一方には「モスクワの長女」フランス共産党の領袖連の墓碑が、その反対側にはマルクスの次女ラウラと夫ポール・ラファルグの墓、少し離れてジャン・ロンゲの墓が建てられている。ペール・ラシェーズ第九七区は、フランス左翼の歴史を担っているのである。

加入条件に戻る。要するに、これら指名され非難攻撃された人々は、（マクドナルドを除き）とにかく、ロシア・マルクス主義に批判的な西欧マルクス主義に属する人々だったのである。ただ、この規定の表現ではさすがに拙いと覚ったのか、人名を掲げての非難は政治的に愚策である。第二〇条で救済措置を採っている。

第八条　諸国のブルジョアジーが、それぞれの植民地を領有し、他民族を抑圧しているところでは、それらの国の共産党が特に正確で明白な方針を出すことが必要である。コミンテルンに所属するすべての党は、植民地における「自国」の帝国主義者のたくらみを容赦なく暴露し、植民地におけるあらゆる解放運動を口先だけでなく、実際の行動で支持しなければならない。

これら植民地からの自国の帝国主義者の追放を要求し、自国労働者の思想に植民地や被抑圧民族の勤労住民に対する真に兄弟のような感情を育て、また、自国の軍隊内で、植民地民族のあらゆる抑圧に反対する系統的な煽動を行う義務がある。

［評註］　この規定は、コミンテルンの策定したものとして、出色の光彩陸離たるものとして特筆すべき条文である。

一八六四年の第一インタナショナル（マルクス指導）も、一八八九年の第二インタナショナル（エンゲルス指導）も西欧中心の組織で、植民地・被抑圧民族に関する規定をもたなかった。第三インタナショナルにおいてはじめて民族・植民地問題が正式に、真剣に採用されたからである。同時に、この条文の規定は曖昧でもある。植民地から自国の帝国主義者を追放するということは、行き着く先は植民地・被抑圧民族の解放、自決、独立の承認ということになり、帝国主義ブルジョアジーの追放だけではなく、植民地そのものの放棄を意味するのであって、ここに一九一四年（第一次）世界大戦の勃発に際して植民地の超過利潤で良い目をみていた労働者を多く含む西欧各国社会（民主）党が、素朴な「愛国心」に敗北した理由でもあったのである。

第九条　コミンテルンに所属する党は、労働組合、労働者代表ソヴィエト、工場・経営委員会、協同組合その他の労働者大衆組織の内部で、系統的に、ねばり強く共産主義的活動を行う義務がある。

そのため、これらの組織内には共産党の細胞を作ることが必要である。細胞は、長期に亘る、ねばり強い活動によって、その労働組合等を共産主義の事業の味方に獲得しなければならない。これらの細胞は、その日常活動において、絶えず社会愛国主義者の裏切りや「中央派」の動揺を暴露する義務がある。

これらの共産党細胞は、全体としての党に完全に従属していなければならない。

［評註］　第一文は第一条と趣旨は同じである。第二文は第二条と関連する。

最終文の規定こそ、第二条と併せて労働運動内部に混乱と紛糾をもたらしたものである。大衆諸団体の中でも比較的組織の整備されている大労働組合とその全国指導部が民主的に討議した上で決定した政策、方針等と共産党のそれとが異った場合、本条の諸規定に忠実な共産党員は組合決定に反対することになる。こうして組合の闘争力を分裂・弱体化させてしまう。共産党のフラクション・細胞が大衆団体から忌避され、浮き上がった存在となり、意図に反して党の権威と活動力を阻害することになった。そのもっとも良い例は、日本において一九六四年四月一七日に予定された官公労のストライキに対し、日本共産党が反対声明（四月八日）を出し、職場内細胞がそれに「完全に従属し」たため、諸労組から一斉に反発され、共産党員の組合からの除名と党員自身の離党が続き、党の勢力は労組内で大きな損失を蒙り、後退したという事実である。

第一〇条　コミンテルン所属の党は、黄色労働組合のアムステルダム「インタナショナル」

とねばり強く闘う義務がある。党は、黄色アムステルダム・インタナショナルと絶縁する必要があることを、労働組合内で労働者にねばり強く宣伝しなければならない。党は、コミンテルンに加盟する赤色労働組合の国際的連合体を、あらゆる手段で支持しなければならない。

［評註］　本条は、二、三、六、七～九各条と関連する。

黄色労働組合とは、社会（民主）党を支持する労組で、「日和見主義」だから赤色ではなく黄色だとコミンテルンに貶下された。社会主義インタナショナルの本部がオランダのアムステルダムに置かれていた。

この黄色インターと絶縁せよ、ということは労組の分裂政策であり、赤色労組の国際的連合体（プロフィンテルン）は、このコミンテルン第二回世界大会を機に結成された。コミンテルンは、第二次世界大戦中、米・英・ソヴィエトの「民主」連合軍の結束の強化と、アメリカからソヴィエトへの武器援助の確保・拡大を図ったスターリンによって、一九四三年六月に解散させられた。プロフィンテルンもこの解散にしたがい、一九四四年解散された。

第一一条　コミンテルンに所属する党は、自党の国会議員団を審査し、信頼できない分子を排除しなければならない。

共産党議員団は党中央委員会に従属し、議員一人ひとりは全活動を、真に革命的な宣伝・煽動に役立つよう従属させられる。

［評註］　本大会はすでに八月二日の会期において、「共産党と議会主義についてのテーゼ」を決定している。このテーゼは本条同様に「革命的議会主義」を採用して、革命的宣伝・煽動の場として議会を利用することを要求している。したがって、議会の第一の任務である立法によって人民の生活の改善を（少しでも）図ることは、革命を逸らす改良主義として却けられる。

第一二条　コミンテルンに所属する党は、民主的中央集権制（傍点、原文）の原則に基づいて建設されねばならない。現在のような激しい内乱の時期には、党内に軍事的規律に近い鉄の規律が行われ、党がもっとも中央集権的に組織され、党中央部が広範な全権をもち、全党員の信頼を得た、権能ある、権威ある場合にだけ、共産党は自己の責務を果たすことができるであろう。

［評註］　有名な民主的中央集権制の組織原則である。軍事的規律に近い鉄の規律の施行、党中央部の全権保持等の要件が定められた。これは、本条中の「激しい内乱の時期には」という前提条件が付いているのであって、この場合には戦争状態であるから軍事的鉄の規律が要求されるであろう（第一六条関連）。しかし「内乱状態」が去った時期、一定の相対的でも安定状態になった時には、この軍事的規律を維持するべきか、また、維持が可能か、の問題が残さ

れている。

党中央が全権をもつことと併せて、党員の自主性、創意性を圧殺してしまうことにならないか。爾後、各国共産党の悩まされる問題であり、この民主集中制の組織原則のため、逆に活力を失っていくのである。

第一三条　共産党が合法的存在であるときには、不可避的に党にもぐりこんでくる小ブルジョア分子を党から系統的に清掃するため、党組織の人的構成の定期的粛清（再登録）を行わなければならない。

［評註］　党が合法的存在であろうと非合法的存在であろうと、小ブルジョア分子ばかりか官憲のスパイももぐりこんでくる。次に、小ブルジョア分子を系統的に清掃するということも実際問題としては困難である。党は、現状分析・理論活動、宣伝・煽動等のためには革命的知識人が絶対に必要である。それらの人々は、主としてブルジョア・小ブルジョア「分子」から供給される。そこで、小ブルジョア分子か革命的分子かの判定は、口でいうほど簡単ではない。また、はじめから完全な階級意識をもったプロレタリアート分子として党に入ってくる者はまずいない。大なり小なり（資本主義社会で生活しているかぎり）小ブルジョア・イデオロギーをもった人々である。それだからこそ小ブル分子の「清掃」が必要になることは事実であるが、そのためにも「党員の学習・教育、訓練・実践の経過を慎重に判断して」の一句を置くべきで

ある。なぜか？

本条では、さらに「粛清」の文字が採用されている。意気は壮とするべきであるが、後年、中央集権制、鉄の規律の規定とともにスターリンによって悪用された萌芽となったからである。「粛清」の前に、党員の教育・訓練が前置されなければならないが、本加入条件にはこの観点が欠如している。けだし、内乱に直面した緊迫感、焦燥感のためであろう。

第一四条　コミンテルンに所属する党は、反革命勢力に対する各ソヴィエト共和国の闘争を全幅的に支持する義務がある。

共産党は、労働者にソヴィエト諸共和国の敵の軍需物資の輸送拒否のためたゆみない宣伝を、また、ソヴィエト共和国を圧殺するために派遣された軍隊内で、あらゆる手段を講じて合法的・非合法的に宣伝すること、を行わなければならない。

［評註］　本大会当時、存立しえていたソヴィエト共和国は、ロシア共和国（その内部の諸民族の共和国を含む）だけになってしまっていた。ハンガリア・タナーチ共和国とバイエルン・レーテ共和国は反動軍隊の武力によって潰滅されていた。ドイツのベルリンその他の労働者レーテは形式的には存在していたが、ソヴィエト（レーテ）型国家形態を求めず議会主義ワイマール共和国支持であった。なお、コミンテルン規定前文にも本条と同趣旨の「コミンテルンは、どこで創立されようとすべてのソヴィエト共和国を全力をあげて支持する義務がある」と述べ

られてある。

第一五条　コミンテルンに所属する党で、今なお古い社会民主主義綱領を維持している党は、できるだけ短期間にその綱領を改訂し、自国の特殊な諸条件に適用しながらも、コミンテルンの諸決定の精神に立脚する新しい共産主義的綱領を作成する義務がある。

コミンテルン所属党の綱領は、コミンテルンの定例大会又はその執行委員会の承認を得なければならない。

ある国の党綱領がコミンテルン執行委員会によって承認されなかった場合には、その党は、コミンテルンの大会に上訴する権利がある。

［評註］　傍点を付した部分は、実際にはほとんど配慮されず、各国共産党綱領はほとんど似たようなものにコミンテルンによって規制された。すなわち、八年後の一九二八年第六回世界大会においてやっと決定されたコミンテルン綱領によって、各国の共産党の戦略規定（したがって、これに規定される綱領）は三つ（細分すれば四つ）の類型に整序されることによって、各国の「特殊な諸条件」はそれぞれの類型の中に押しこまれてしまったからである。

それは、各国の資本主義の発展の程度及び植民地・従属国の場合を勘案して、(1)　資本主義の発達した国（英、米、独、仏）は社会主義革命へ、(2)　資本主義がなかり発展したが封建制がかなり強く残存している国――二つに分け、広範なブルジョア民主主義革命の任務を含む社会主義革命への道と、先ずブルジョア民主主義革命を達成しこれが急速にプロレタリア革命に転化する道——（日本、イタリア、中欧、東・東南諸国等）、(3) 後進諸国及び植民地・従属国。この場合は、独立の達成が第一の任務でこれと併行するブルジョア民主主革命を経てプロレタリア革命へ進むという段階革命、三つの類型設定であって、諸国の工作上留意しなければ成功が保障されない「特殊性」に至らなかった。その逆に、特殊性にあくまで固執して革命を成功させたのが毛沢東の中国革命である。

第一六条　コミンテルンの各大会及び同執行委員会の諸決定は、コミンテルン所属の党を拘束する。

きわめて厳しい内乱の情勢の中で活動しているコミンテルンは、第二インタナショナルにくらべてはるかに中央集権的に構成されていなければならない。

コミンテルンとその執行委員会とは、その全活動において、各国の党が闘い、活動しなければならない条件がきわめて多様であることを考慮して、その決定が可能である問題である場合についてのみ、全体を拘束する決定を下すようにする義務がある。

［評註］　本条は第一二条と関連する。

コミンテルンの歴史の実際においては、各国の党の活動条件が多様であって画一的決定を下すことが困難であるのに、全世界で党活動が可能である問題についてのみ全体を拘束する決定を下す、という制限は守られなかった。実際的にはこのような条件では全体を拘束する決定はほとんど不可能である。可能であるとしても一般的抽象的なものとなってしまう。例えば、「戦争反対・平和擁護」、「帝国主義戦争を内乱へ」というような、実効を保障しうる現実勢力の実力を無視したスローガンに留まるものでしかなくなる。

(1) 現実には、コミンテルンからの一方的天降り的命令に近かった。一九二六年に遽しくコミンテルン執行委員会から出された「党のボリシェヴィキ化」の要求の実態は、各国党からのトロツキー支持者の排除、スターリン支持の強要で各国党からの無理な除名、幹部人事の変更であった。一九三九年の独ソ不可侵条約締結という独ソの政策は、一九三五年の反ファシズム統一戦線(反日独伊)の方針から一転親独政策となったため、諸国の党からふたたび多くの党員の離脱・除名をもたらした。

(2) 右の例のように、モスクワ(ソヴィエト同盟共産党)が出してくる見解をコミンテルン及び各国共産党は鸚鵡《おうむ》返しするに留まった。例えば、「資本主義の全般的危機」、「第三期資本主義」、「社会民主主義主要打撃対象」、「社会ファシズム論」等は成功をもたらさずドイツ共産党の潰滅をもたらした。

(3) 日本の場合、「一九二七年テーゼ」の下付と党公然化の方針は、二八年第一回普通選挙において官憲のねらい討ちの対象となり、同年三月一五日、翌二九年四月一六日の大弾圧(大小の弾圧は連年継続した)となり、潰滅的打撃を受けた党はその後も、日本の政治に有効な影響を与えることはできなかったのである。

第一七条　以上のすべての条項と関連して、コミンテルン所属の党はすべて「共産主義インタナショナル（ここではフルネームを使用している）某々（国名）支部・某々（国名）共産党」という名称にする。党名の問題は、単なる形式上の問題ではなく重要な政治問題である。共産党と労働組合の旗を裏切った黄色社会民主諸党に対し、断固たる闘争を宣言したコミンテルン所属の党は、勤労者一般にまったく明瞭であるように名称を変更して示さねばならない。

［評註］「以上のすべて」、すなわち前一五条全部ばかりか、二一カ条を考慮すれば党名は形式の問題ではない。

共産党を裏切ったというが、社会民主党からいわせれば、ソヴィエト形態を採らず議会制民主主義を支持したのであるから「裏切り」といわれても痛痒を感じないであろう。

また、党名についても一部の国（例えば、スカンディナヴィア系やカナダ進歩労働党）の党で、共産党を名乗らない党もあった。

第一八条　コミンテルン所属の党は、その指導的機関紙誌にコミンテルン執行委員会のすべての重要な公式文書を転載しなければならない。

第一九条　コミンテルンに所属する党とこれから加入を希望する党はともにすべて、これらすべての条件を審議するため早い期間内に、遅くともこの第二回大会以後四カ月以内に自党の臨時大会を招集する義務を負う。そのさい各党の党中央委員会は、コミンテルン第二回大会の諸決定をすべての地方組織に周知させるよう配慮しなければならない。

第二〇条　コミンテルン加入希望の党で、まだ従来の戦術を根本的に変更していない諸党は、コミンテルン加入に先立って、その党の中央委員会及びすべての重要な党中央機関の構成員の三分の二以上が、コミンテルン第二回大会以前からすでに公然、かつ、明瞭にコミンテルン加入に賛意を表していた同志たちによって構成されるように配慮しなければならない。例外は、コミンテルン執行委員会の承認があれば許可される。また、同執行委員会は、第七条に名をあげられた「中央派」の代表たちについても例外を設ける権限を持つ。

［評註］「以前から」、「例外は」に傍点を付けたのは、コミンテルン第二回大会以前からコミンテルン参加賛成者が三分の二以上を占めた社会（民主）党は、諸国になかったのが事実だからである。そこで少なくとも党中央機関だけは、賛成者が三分の二以上を占めるように定めたのである。また、第七条に対する評註で述べたとおり、そこで名をあげられた人々との「名誉回復」の余地を残したのである。

第二一条　コミンテルンが提示した条件やテーゼを原則的に拒否する党員は、党から排除されなければならない（傍点、原文）。

これはまた（第一九条に規定する、引用者）臨時党大会の代議員についても適用される。

［評註］　コミンテルンの諸定めに反対する党員を排除することに、長く傍点が付けられている。コミンテルンの厳しい態度の表明である。

以上によって、二一カ条の解説を終わる。

この加入条件は、（他の草案同様）レーニン起草のものである。レーニン原案は、一九条までであったが、大会審議の途中彼は第二〇条を追加提案した。大会はさらに第二一条を附加して、文句の整理をして決定したのである（『レーニン全集』、第三一巻、一九九～二〇六頁、五五一～五五二頁）。

第二回大会は、コミンテルンの基本テーゼ、規約、加入条件、共産党の役割と機能（活動の指針）、議会主義についてのテーゼ等の重要事項を決定した実質的な創立大会というべき重要かつ記念すべき大会である。

大会は、社会民主主義諸党の誤り、特に右翼日和見主義を厳しく断罪するとともに、同時にレーニン著『左翼小児病』によって党内の極左偏向をたしなめた。そのため、大会期間中、他の議題審議よりも加入条件はずっと鋭い闘争的性格を帯びていた。こうして新しいインタナショナルへの加入条件（これは、むしろ新しく作られるべき各国共産党の結成条件といえる）二一カ条が定められたことは大きな意義をもったものといえよう。

ただ、左右への偏向、日和見と闘うといっても、当時の「内戦に直面している」という情勢判断から、左翼小児病（ブルジョア民主主義の議会への参加拒否、労働組合内のねばり強い活動の軽視、徒らな武装闘争の呼号等）に対するよりも、社会民主諸党及びそれらの幹部に対する断罪・誹謗に傾いたことは、加入条件その他の諸規定が示すとおりである。

このように、コミンテルンの諸規定が左翼偏向、むしろ極左とセクト主義に陥った理由は、くり返し述べたようにレーニン及びコミンテルン指導部が、一つの仮定又は前提（むしろ期待か願望）の上に立って全体的方針を樹てたことである。すなわち、西欧におけるプロレタリア革命の切迫、「内乱の局面」（第三条）、「激しい内乱の時期」（第一二条）という情勢判断に立って「作戦計画」を樹てたことである。

これは、「ボタンの掛け違い」といわれる事態で、「内乱状態」が已んだとき、これらコミンテルンの諸規定の位置が極左の地点に移行することに結果し、そのセクト性と分裂性は、革命の桎梏・阻害要因の一つとなったのである。

三つの文を例示しよう。

プロレタリア世界革命のためには、コミンテルンこそ真に、実際に単一の世界共産党でなければならず、各国で活動している党はこの世界革命党の支部である。コミンテルンは、国際ブルジョアジーを打倒し、国家の完全な廃止への過渡段階として国際ソヴィエト共和国を創設するために、武器を手にとることを含めて、あらゆる手段で闘うことを目的とする。

コミンテルンは、プロレタリアートの独裁こそ資本主義の惨禍から人間を解放する可能性を与える唯一の手段である、と考える。そして、コミンテルンは、ソヴィエト権力こそ、このプロレタリアートの独裁の歴史的に与えられた形態（傍点、原文）であると考える。

一八六四年、ロンドンで創立された国際労働者協会（第一インタナショナル）の規約の冒頭には、「労働者階級の解放は、労働者階級自身の手で闘いとられなければならない」と宣言されている。この解放は、帝国主義戦争（一九一四〜一九一八年）によって、地方的な任務でも一国的な任務でもなく、国際的な任務であることを示した。

右の三つの文章は、コミンテルン規約前文からの抜粋である。

こうして、コミンテルンは、プロレタリア世界革命とそれを担う世界共産党という、荘厳で、排他的なメシア的信念を吐露したのである。

ところで、この信念を抱懐・醸成させることを可能にしたのは何によってであろうか。一九世紀の末葉、エドヴァルト・ベルンシュタインが、かの『社会主義の諸前提と社会民主党の任務』（以下、『諸前提』）で表明したように、資本主義の発展成熟はマルクスが考えたような、少数の資本家階級とますます増加するプロレタリアートに二分裂・二極化するのではなく、多数のホワイトカラーズ（官吏、教員、歯者、弁護士、事務員、専門技術家等、アントニオ・ネグリのいう「非生産的労働者」、経済学にいう第三次産業従業者）を生み出し、併行して（一方では没落・倒産すると同時に、新たに大企業に支配され適応して）中小企業も増大してゆくことが明らかになってきた。『諸前提』は叙述方法が拙劣だったためカウツキーに批判されたが、資本主義の本質機能は変わらぬとしても、ベルンシュタインの指摘のとおり社会の変貌は明らかであった。

これに対し、マルクスの時代には、また、レーニンにおいても、先進資本主義諸国におけるプロレタリア革命の成功とプロレタリア独裁持続の可能性についての楽観の根拠には、革命的階級と措定されたプロレタリア階級の「同質性」の認識、むしろ信仰があったのではなかろうか。少なくとも、その後のマルクス主義者（の多く）は、労働者階級を、さらに階級一般を自己同一的・等質的実体にまで固定して、事物を裁断してしまったのではないか。労働者階級を、階級として一括して実態分析を怠った結果であった。

コミンテルンの諸規定・諸行動に関してはもう一つ、歴史的・論理的問題、厳密にいえば誤謬がある。一つは、ロシア的特殊事情の上に立って強行されたロシア一〇月革命の特殊性を普遍化したことである。コミンテルンの理論、戦略、戦術及び行動様式は、ロシア革命のそれらを範型として規定された。世界ではじめての社会主義革命に勝利した（とされる）ロシア共産党の権威は絶大であったから、己むを得ぬ成行であった。しかし、このため各国の特殊性への慎重な検討よりもロシアの経験の実行の方が優先されるという歴史的実践上の問題が残された。

二つには、論理的な問題である。事実上、実践上、特殊（ロシア）が普遍（世界史）の上位に立つという倒錯である。特殊を普遍として強弁・強行する論理学上の誤謬である。これでは現実政治上でも成功は保証されない。加藤哲郎『コミンテルンの世界像』（一九九一年、青木書店、二八一頁）は、逆証として、普遍を僭称した特殊（ロシア）が、逆に（諸国、諸民族の）特殊を圧殺することを批判している。

最後にただ一つの救いがある。レーニン在世中のコミンテルン第二回大会の諸規定には、その後のソヴィエト同盟共産党はじめ各国の党の規約のはじめに掲げられる、「マルクス（＝レーニン）主義を行動の指針とする」、日本共産党の一九四五年一〇月解放・合法化された直後の党規約（案）では、「マルクス主義・レーニン主義の理論によって指導せらる」というような個人名を使用していないことである。

ソヴィエト共和国↓プロレタリア革命↓世界革命のための国際共産党というコースを強烈に説いているが、後年ロシアをはじめ各国の党に現れた個人崇拝的個人名を使用していないことは一つの救いである。レーニン時代には、理論的・実践的に問題を残したが、まだ健全でまともに世界革命を目指していたのである。個人名を顕彰的に記すのでは宗教団体に堕するか、昇華してしまう。

3　コミンテルン組織論の誤謬とはなにか

序論において課題としたうち、コミンテルン規約全文は、紙幅の都合で割愛せざるを得ないことを遺憾とする。わずかに、その前文から三つの文章を既述摘記したに留まる。ただし、本大会における諸決定のうち、組織的・政治的問題に関しては、加入二一カ条件の方がコミンテルン規約一七カ条よりも重要である。

事実、規約第三条は加入条件第一七条、前者第九条は後者第一六条、前者第一一条は後者第一八条、前者第一二条は後者第三条、前者第一四条は後者第一〇条と、それぞれ趣旨は同じである。また、規約前文に強調されている中央集権的組織形態は、加入条件第一二条でいっそう明確に規定されている。

以下、その他のコミンテルン規約で評註を必要と思料される条項にかぎって採り上げる。

第四条　コミンテルンの最高機関は世界大会である。世界大会は、通例、年一回開かれる。

［評註］　レーニン在世中は、一九一九～一九二三年までに毎年開かれたが、その死後は第六回大会は一九二八年、第七回大会は一九三五年開催でこれが最後の大会となった。第六回大会で、既述のようにやっとコミンテルン綱領が定められた。第七回大会では、これまでの社会民主党に主要打撃を集中、「社会ファシズム」排斥という極左・セクト的方針を一八〇度転回させ、反ファシズム統一戦線戦術を打ち出し、社会民主党との協力方針を決定した。要するに、スターリンが権力を掌握した後は、コミンテルンはソヴィエト同盟外交の一機関に転落してしまったのである。

第六条　コミンテルン執行委員会の所在地は、世界大会によってその都度決定される。

［評註］　一九二一年の第三回大会で、議長ジノヴィエフはパリの名をあげたが、結局所在地はモスクワに継続された。第八条と関連。

第八条　コミンテルン執行委員会の業務の主要な部分は、執行委員会所在地のある国の党によって負担される。

［評註］　つまるところロシア共産党（後のソヴィエト同盟共産党）が、諸経費、事務所・役員の宿泊所等の建物等の一切を負担した。各国支部共産党がそれぞれ資金を上納して、世界党を支えるのではなく、モスクワの丸抱えだったこと、各国の党がモスクワの援助金に依存した

ことが、コミンテルンの性格の変化、各国の党の堕落とモスクワ盲従をもたらした。モスクワの資金援助に頼らず、自力の党財政で苦労しながら活動し勝利したのが、第二次世界大戦中のユーゴースラヴィアのティトーである。ティトーは独立していたため、スターリンから忌避され、一九四八年コミンフォルムから除名されたほどである。

以上の叙述によって、コミンテルンの目指した共産党組織の特徴が明確となる。整序してみよう。

ロシア革命は、全世界のブルジョアジーから憎悪の的となり、資本主義諸国から包囲され、内戦時反動的白軍の起こした内乱に英・仏・米さらに日本が軍隊を派遣してこれを支援するという革命が圧殺される苦境を、四年間の苦闘の後やっと撃退できたのであった。レーニン死後、大ロシア民族主義者グルジャ人スターリンの抬頭、権力掌握によって、共産党組織は、次のような特徴をもつものに変貌し固定化していった。

(1) コミンテルンは全世界党として単一の政党である。その支部各国共産党は、その国における唯一の労働者党である。

(2) 唯一の党として労働者階級の前衛党である。党は、前衛として労働者階級の闘争の進路を示し、指導する。

〔評註〕 この立言は、論理学的にみて、前衛と指導との循環論法であるから誤りである。

証明抜きの宣伝にすぎない。

(3) 党の組織原則は民主的中央集権制である。

［評註］ 実際には民主はほとんど作用できず超中央集権主義となり、最終的には最高指導者（書記長、委員長）の個人独裁に収斂されてしまったことを歴史の事実が示した。

(4) 中央集権的組織として鉄の規律が貫徹された。党員は、中央の決定に対する絶対的服従と献身が要求される。

(5) いわゆる一枚岩の団結と行動が讃美され、それは分派の禁止、さらに昂じて異論・反対意見の排除となる。異論を唱えただけで、分派の芽であるとされ、反党分子とさえ決めつけられる。

(6) 中央集権の強要は、党組織間の横の連絡・協議、水平的交流を認めない。必らず上級機関に伺いを立てねばならない。この間の非態率と官僚主義の発生を意に介さない。

(7) 決定は、一枚岩の組織の証拠として満場一致で行われる。

［評註］ 実際は、「満場一致」にもってゆくための内部事前工作が行われる。党員は、このからくりや戯画を見抜いてくるようになり、満場一致の虚構は重要性と権威を喪失する。

(8) 党役員（中央委員、統制委員、最高幹部としての政治局員）の選出は、事実上は任命制である。

［評註］ 選挙は行われるが、事前に候補者の審査により反対意見の持主とされる者は候補

者から降ろされる。また、候補者数と当選者数が同数であるから選挙の実質がない。また、特に、党の最高機関である大会を構成する大会代議会は、地方組織から選出される段階で党中央が審査し、中央反対の意見の者を代議員から排除する。したがって、党大会で「満場一致」が可能となるのである。

(9) 役員の定年制がなく、党中央を占拠する幹部は老齢化するばかりか、最高幹部（書記長、委員長）は長期連続して、終には独裁者となっていった。

［評註］ この弊害に気付きソヴィエト同盟共産党ではフルシチョフ時代、役員の定年制、任期制が試みられたが実際は機能しなかった。こうするうちに、一九八九～一九九一年の世界的大変動に直面して党そのものが消滅してしまった。自然法則的死といってよい。

(10) 牢固とした秘密主義と情報の非公開。

［評註］ これは、ブルジョア権力による弾圧と非合法化の苦労を長年続けてきたことによる已むを得ない結果である。しかし、合法党で、議会にもかなりの数の議員を当選させるほどに成長した国の党が、相変わらずの秘密主義と情報非公開では、国会に多数を占め得るほどの信頼と希望を国民から得られないであろう。

(11) 労働組合、婦人団体、青年・学生団体（この三者は、コミンテルン規約第一四～一六条によって、明らかにコミンテルンの内部組織と位置付けられている）や協同組合その他の大衆団体の独立性と独自性を認めず、コミンテルン及び各国共産党の指導（事実上の管理・支配）を行い、又はこれを企てた。

［評註］　短期的には共産党の利得に見えようとも、長期的には党への反発、反感を誘発し、人民の力を伸長させるべきところを逆に分裂させ、最悪の場合には、日本の大企業とその労働組合の連合体のような御用組合の存続を許す結果となってしまった（もっとも、日本の労組連合の現状は、共産党ばかりの責任ではない）。

これまで述べてきた諸問題の多年の累積は、党組織の官僚主義化・硬直化、停滞・後退及び個々の党員の志気と創意性を抑圧・剝奪する結果をもたらしたのである。

コミンテルン第二回世界大会で実質的に発足したコミンテルンと各国の共産党は、次第に「スターリン主義」といわれる負の要因と性格を露呈し凝固させ、唯一前衛党という運命を終えたのである。

第6章　言語の政治における
NAM・世界社会フォーラム組織論評註
——《新しい型の党》組織論の移行と生成

木畑壽信

1　問題の政治空間——《真理の政治》から《言語の政治》へ

現代社会の高度資本制社会システムの下で、あるいは、《世界システム空間の全体性を巻き込む支配体制としての帝国》によって実質的に包摂される資本制的生産の総過程の現在的な在り方の下で、政治的諸空間における生権力−生政治の力によって造形された《多数＝多様体》として存在する大衆の生活世界とその生活過程の在り方を歴史＝社会的な与件とした上で、共産主義運動はどのような型の政治的組織を必要としているか。[註1]また、吉本隆明の『マス・イメージ論』（福武書店、一九八四年）や『ハイ・イメージ論』（吉本[2003a]）（吉本[2003b]）（吉本[2003c]）で示されているような大衆の現在の在り方を前提にした上で、そして、現代のシステム社会という政治的な条件下で、高度資本制社会システムを継承しつつ、その限界と欠陥を克服することを思考＝試行する共産主義運動はどのような型の政治的組織を想像＝創造しなければならないか。この理論的、かつ、実践的な問題に関して明確な回答を与えなければならない。

共産主義運動における政治的組織の在り方を実践的に思考＝試行する組織論への理論的な視線は、次のような、歴史＝社会的な障害と可能性という二つの事態に焦点を置く。

一方の歴史＝社会的な障害とは、高度資本制社会システムの現在的な在り方のもとでの共産主義運動に対する障害の存在のことである。それは労働者階級の修正主義的で改良主義的な大衆組織ないしは政治的組織が社会空間の全領域に覆い被さる形で、広範囲に大規模な形で存在していることである。これは、多くの労働組合および政党が現代の高度資本制社会システムの在り方に対する政治革命を志向するような戦略論および組織論を形成しないことだ。労働組合および政党が現代的システム社会の政治的秩序の現状維持ないしは保守を志向しているという事態の存在である。これは労働組合および政党が現代の高度資本制社会システムへ実質的に包摂されていることだ。体制内化は《資本と国家の支配秩序》を社会的経済的政治的制度の在り方を経由して労働組合および政党が補完するという現象形態で現れている。この現象形態の存在は《国家のイデオロギー装置》の作動に現実的に根拠付けられている。それは、《国家のイデオロギー装置》が雑誌、新聞、放送、映画、広告、インターネットなどのメディア装置を中心として、現代の高度資本制社会システムの在り方を保守的に維持するように作動していることである。これは大衆の現在の在り方の保守性として現象する。このような理論的な視線は国家のイデオロギー装置における《ヘゲモニーの作動》という理論的な概念に到達する[註2]。

また、他方の歴史＝社会的な可能性とは、現代のシステム社会に対抗する共産主義運動の新たな可能性のことである。すなわち、共産主運動運動が一八四八年革命から現在までの約一五〇年間の間に蓄積してきた豊富な政治的経験である。現代的システム社会における政治的諸条件に関連付けて特に限定すれば、一九六八年革命と一九八九年革命の政治的経験の存在である。この二つの革命に象徴される新しい型の共産主義運動への試行とその経験の存在である。このような経験の、しかも、極めて重要な理論的焦点を形作る経験として共産主義運動の組織論の理論史が存在している。これは、大衆の現在の在り方から資本と国家へ対抗する大衆の在り方を政治的に組織化する可能性を、同時にまた、資本と国家へ対抗する新しい型の共産主義運動の想像＝創造の可能性を示唆する。

このような歴史＝社会的な現在の事態は、共産主義運動における党組織論を構想する場合に、固有な理論的問題を提示している。これは、現代の高度資本制社会システムの在り方の下での、《大衆》の登場に関わっている[註3]。大衆とは、政治的諸空間における多数＝多様体として生政治－生権力の力によって造形された諸個人の在り方を政治理論的に形容する概念装置である。現代的システム社会における共産主義運動の党組織論を構想する場合は、このような大衆の登場を政治的な与件としなければならない。このような大衆の登場の下で、《政治革命の現実性》を語ることは、大衆の政治的諸活動＝実践が政治革命へと至ることの現実性を語ることである。あるいはまた、このような政治革命の現実性を語ることは、《党の政治的諸実践＝活動》と《大衆の政治的諸実践＝活動》との間の《接合の現実性》を語ることである。共産主義運動において、党の政治的諸実践＝活動は、すべて現代の高度資本制社会システムの在り方の下での政治革命の現実性に基礎付けられている。従ってこの接合の現実性の内部で、党の政治的諸実践＝活動とは、党が《大衆の政治的諸運動》の内的な構成要素となり、そして党が大衆の政治的意識および政治的諸実践の成長を促進させる《仕事》として表現される。共産主義運動において党を組織することの必要性とは、大衆の政治的意識および政治的諸実践の成長を促進させる活動＝仕事を行う共産主義者を組織することの必要性である。党の仕事は政治の技術として形を与えられ、この技術が大衆の固有の政治的な力を発展させかつ成長させる。そのため、党は一定の体系化された政治および組織の技術を必然的なものとする[註4]。従って、政治革命へと志向する党の綱領および戦略と組織論は共産主義運動が歴史的に形成した政治的諸理論と《大衆の政治的諸実践＝活動》との接合関係の内部で生成する。党組織論を政治的諸理論と《大衆の政治的諸実践＝活動》との間の相互関係が発生させる《経験の場》で確定しなければならない。これは同時に、政治的諸理論の発展＝成長と《大衆の政治的諸実践＝活動》の発展＝成長との間の相互関係を適切に構成することに関連している。

現在の歴史的な時点で、このような政治的諸実践の《経験の場》の内部で、党組織論を取り扱う理論的な関心の場所は、一九世紀から二一世紀に掛けての約一五〇年間に亘る共産主義運動の組織論についての理論的な自己反省の眼差しにある。[註5] これは、一九世紀のブランキ主義的な秘密結社の「陰謀的集権」型の組織編制への極端な回帰という事態や、それほどまでには極端ではないが、その弱められた「軍事集権」型の組織編制としての「民主主義的中央集権制」型の組織編制を存続させている事態に対して批判的に対抗するという理論的実践の強度を強めるためである。[註6] より限定すれば、一九五八年以降、日本の戦後政治の空間に登場した新左翼の綱領と組織論に対して、その現在の在り方を、そして、その政治的諸実践の歴史的な政治的経験を自己反省し理論的に検証することによって批判的に対抗することだ。あるいはまた、一九六八年革命とその革命の波動によって新たな共産主義運動の党の綱領および組織論という《新しい》《政治の文法》が生成していることに政治的に覚醒することだ。一九六八年革命以降の政治的諸実践とその政治的経験において党の綱領および組織論の新しい文法への移行が引き起こされていることの、そして、そのような経験の出現に政治的に覚醒することである。このような党の綱領および組織論の移行の地平で、コミンテルン型の共産主義と西欧型の社会民主主義との間の《綱領および組織論の相互転位》という経験が生成している。このふたつの型の党《綱領および組織論》の共通性を理論的に分析できる理論装置は《知および力》の《考古学および系譜学》に属している。この理論装置によれば、この経験の生成によって、これらの対比された綱領および組織論の型を、これらが配備されている同一の理論空間（＝場所）に位置付けることができる。この空間は《真理の言説》と《知の政治》と織り重ね合わされた言説編制の空間である。この空間は《真理の政治》の地層として現れている。《真理の政治》の地層は《知の政治》の系譜に属し、一八四八年一二月に採択された共産主義者同盟の綱領である『共産主義者宣言』（Marx;Engels〔1848 ＝1993〕）によって現れた。共産主義は『共産主義者宣言』によって、《知の政治》として歴史＝社会的に誕生した。だが、《知の政治》と《真理の政治》とが接合し、未分化のままの形で誕生したのだった。一九世紀の共産主義運動の政治的実践＝活動においては、《知の政治》として概念化できる《知の配置（エピステーメー）》が出現した時、その空間内部で、《知の政治》が《真理の政治》という変形された形で生成した。それは、近代の民主主義の政治思想の私生児であり、宗教批判の不徹底な形での終了であり、現実政治への宗教的思考の導入なのだ。いわば、《知の政治》が《真理の政治》という現象形態を採ったのである。しかし、一八四八年の『共産主義者宣言』の発表から約一五〇年間の政治的諸実践の線分で、あるいは、自由主義、社会主義、国家社会主義、社会民主主義、共産主義などの政治思想と政治理論を磁場とした政治的抗争の空間の内部で、ないしは、政治的経験が形成した政治空間の特殊な局面で、《知の政治》と《真理の政治》との接合に裂け目が生じたのだ[註7]。その裂け目から《知の政治》と《真理の政治》との接合の仕方が《政治的実践の在り方》、ないしは、《政治の文法》を巡る政治的思考の問題として構築された。二〇世紀フランスの理論空間がラカン、アルチュセール、デリダ、ドゥルーズ、ガタリ、フーコーなどの《現代思想》の系譜の言語空間を形成し、そしてさらに、その系譜が共産主義運動における理論的経験の特殊な言語空間を形成した。このような織り重ね合わされた言語空間を経由した、マルクス以降のマルクス主義の系譜内部での諸類型を再解釈する政治的思考の実践空間の生成である。[註8]このような政治的経験の裂け目から生成した政治的な思考空間において、《真理の政治》は宗教的な思考に囚われた政治として、そして、宗教的思考への批判の未完成として理解された。この新しい政治的思考は《真理の政治》を《知の政治》と《言語の政治》との接合の特殊な空間(=局面)として見出した。[註9]

一九六八年革命以降、政治的実践が配置されている歴史=社会的な知の地層は、《真理の政治》の地層の内部で作動する政治空間から《言語の政治》の地層の内部で作動する政治空間へ移行した。あるいはまた、一九六八年革命以降、政治的実践の在り方においては《知の政治》の特殊な局面である《真理の政治》の地層が消滅に向かい《言語の政治》が生成する。《言語の政治》の地層の内部で作動する政治空間とは、自己言及的で自己組織的な言語空間(交通=コミュニケーション空間)として構成される政治空間のことである。このような《言語の政治》という概念で形容できる政治空間の歴史=社会的な《知の配置(エピステーメー)》の出現は、一九六八年革命以降の歴史=社会的に与えられた資本制的ないしは国家社会主義的社会構成体の諸制度(政治、経済、社会、文化など)の内部、あるいは、外部から、それらの諸制度を経由しつつ、政治革命へ向けた構成的権力の作動と関連付けることができる。一九六八年革命以降、革命的左翼あるいは共産主義運動は《言語の政治》の地層の内部で生成する。このような《言語の政治》によって規制される政治空間に適合的な革命的左翼ないし共産主義運動の政治的組織は「リゾーム的ネットワーク」型として構想される。[註10] この型の組織の端的な歴史的な事例として《ポーランド統一労働者党独裁の専制国家》と対抗したポーランド革命を挙げることが出来る。東欧の社会主義国家での第二革命、いわゆる一九八九年革命を実現した構成的権力は、特にポーランド革命に限定すれば、大衆の自己権力の機関としては独立自治労組連帯として、そして、党は社会自衛委員会として政治的に構成され登場した。この二つの組織の編制様式は「リゾーム的ネットワーク」型である。さらに、日本で二〇〇〇年六月に結成され開始された新しい共産主義運動であるＮＡＭ（＝New Associationist Movement）の組織や世界システムにおける資本と国家のグローバリゼーションに対抗する運動を担う世界社会フォーラムの組織が「リゾーム的ネットワーク」型に該当している。[註11]

以上を受けて、このような政治的な《経験の空間》の内部で、あるいは、このような《言語の政治》という政治空間の局面の内部で、新たな型の共産主義運動とその組織論を構想するという主題領域で、そして、政治空間の新しい型に適応した共産主義の《政治の文法》を構想する思想的かつ理論的な実践のために、本論文は、次の主題（＝テーマ）に関して論究する。

新しい共産主義運動を担う《新しい型の党》組織論を構想する場合、二〇〇四年の今日でさえ、マルクス主義の諸類型の系譜に属する党派の組織論において、日本共産党はいうにおよばず、新左翼の幾つかの党派でさえも「軍事的集権」型の「民主主義的中央集権」型の組織原則を採用している党組織論の現状から観て、NAMの運動とその原理はそして、世界社会フォーラムの運動原則は重要なインスピレーションを与えてくれる。《NAMの原理》および《世界社会フォーラム原則憲章》で構想され実践された組織原則の孕む理論的で実践的な諸問題を検討することは、伝統的古典的な共産主義の党組織論から離脱して、根本的＝急進的な新しい共産主義運動を担う《新しい型の党》組織論を構想する理論的な媒介になる。従って、共産主義運動の現在の歴史的時点での可能性を、いわば「可能なるコミュニズム」を政治的に表現するものとして《NAMの原理》および《世界社会ファーラム原則憲章》を取り上げ、組織論の視角から批判（＝自己吟味）する。この批判を経由して、二一世紀現在の政治運動の、そして共産主義運動の組織論の《可能性の中心》を描き出し、新しい共産主義運動の組織論を構想する。

この問題に対する回答のため、2(1)では、『NAMの原理』の《組織原則と規約》を素材にして、その組織論の理論的な諸問題を批判する。これは、『NAMの原理』の《組織原則と規約》の欠陥と限界の理論的かつ実践的な克服とともに、その可能性の拡張をもたらすものである。2(2)では、世界社会フォーラムの組織論を「世界社会フォーラム原則憲章」を素材にして、その組織論の理論的な諸問題を批判する。3では、2(1)および2(2)での批判を経由して、新しい共産主義運動を担う《新しい型の党》組織論を構築する。具体的には、新しい共産主義運動を現実的に担う《新しい型の党》組織原則の構築を思考＝試行する。

2　地層の移行——《言語の政治》

(1)　NAM組織論

《NAMの原理》は、『NAMの原理』（第2版）が、二〇〇一年七月五日に、NAMセンター事務局のNAMホームページ上に登場したため、『NAM new associationist movement 原理』（柄谷行人著、太田出版、二〇〇〇年）ではなく、『NAMの原理』（第2版）を理論的検討の対象にする。この理論的な検討は批判であり同時に自己吟味である。《NAMの原理》で示された組織論は次のような特徴と問題を持つ。

『NAMの原理』（第2版）「B　プログラムと組織原則」で規定されている組織活動および組織編制に関する組織原則は前文および五項目の規定によって構成されている。

「われわれが開始するNew Associationist Movement（NAM）は、一九世紀以来の社会主義的運動総体の歴史的経験の検証にもとづいている。そのプログラムと組織原則は、次の条項に要約される。これらはいわば『公理』であり、ここからどのような『定理』あるいは具体的な運動を創りあげるかは、諸個人の創意工夫と協業に負う。

■プログラム（中略）

■組織原則

(1)ＮＡＭは、諸個人の自由なアソシエーションである。個々人はＮＡＭの内部で一定のルールに従うほかには、自らの主権を保持する。個々人は他の組織や運動に属してよい。むしろ、そのことによって、他の分散した組織や運動を媒介することを目指すべきである。

(2)ＮＡＭが企画する、あるいは会員が非会員とともに形成する組織や運動は、それぞれ自律的であり、ＮＡＭから区別される。それらが他の組織や運動と提携することはあっても、ＮＡＭがそうすることはない。

(3)ＮＡＭは次の三つの領域からなる。関心系、地域系、階層系。それらはそれぞれ複数の部門をユニット（単位）としてもつ。各人は、同時に、これら三領域に属する。関心系の場合、各人は複数の単位に所属してよい。各ユニットは、それぞれ自律的なアソシエーションであり、代表および事務局をもつ。これらのユニットから選ばれた代表がセンター評議会を構成する。また、そこで代表が選ばれる。代表は、どのレベルでも、互選とくじ引きによって選出される。規約改正などの重要な議題に関しては、全会員による討議と投票がなされる。

(4)ＮＡＭは、ブルジョア国家において有名無実にすぎない『三権分立』を真に実現する。上記の意思決定機構のほかに、執行機関としてセンター事務局や各種委員会があり、監査機関として監査委員会がある。執行機関はそれぞれセンター評議会によって任命され、監査委員会は直接に全会員からくじ引きで選ばれる。

(5)NAMは倫理的―経済的なアソシエーションである。強制はいうまでもないが、一方的な奉仕や自己犠牲も認められない。したがって、その中での労働はボランタリーであるが、LETSによって支払われる。また、外部からの寄付に対しても、LETSで返却される」

まず「B　プログラム」冒頭の前文で、高らかに「一九世紀以来の社会主義的運動総体の歴史的経験の検証にもとづいている」と言及されている。この言明は、《NAMの組織原則》を構築するにあたって、一九世紀以降の共産主義運動の歴史的な経験の検証からどのような教訓を引き出したかという点に関わっている。そうすると、検証しなければならないことは、このような歴史的経験の検証が組織原則としてどのように理論的に総括されて、そして、その総括の結果、新しい型の組織原則がどのようなものとして構築されているかということだ。この点に着目すると、《NAMの原理》で規定されている組織原則には幾つかの理論的かつ実践的な問題が存在する。

まず最初の問題は、《NAMの組織原則》を構築するにあたって、一九世紀以降の共産主義運動の歴史的な経験の検証の結果、プルードンの《連合の原理》(federation)へと理論的に回帰することによってもたらされている。「D―6　以上の組織論に関する一般的な解説」の中でアソシエーショニズムおよびプルードンの《連合の原理》を「マルクスは国家に依拠するラッサールやエンゲルスと違って、基本的にプルードンのアソシエーショニズムを認めていた。むしろだからこそ、『批判』したのである。同様に、新たなアソシエーショニズムの運動はアソシエーショニズムを受け継ぐともに、それに対する『批判』をふくんでいる。アソシエーショニズムは、プルードンの『連合の原理』（ただし、後期プルードンは通常のアソシエーションと区別するために、それを federation と呼んでいる）において明確に定義されている」と述べて理論的に接合する。そして、《NAMの原理》の特徴をプルードンの《連合の原理》との関連で、NAMはプルードンが指摘した「権威と自由」のアンチノミーという問題を踏まえており、この《連合の原理》にないものを《NAMの原理》に加えていると述べ、それは「地域系と関心系の区別、多重所属によるセミラティス型組織、くじ引き（プルードンは反対であった）、さらに、Multi-LETS である」と自己規定している。そうすると問題はこの「地域系と関心系の区別、多重所属によるセミラティス型組織、くじ引き」という組織原則の妥当性ということになる。

第二に、《NAMの原理》におけるNAMの意志決定の在り方に関する規定の仕方に、および、NAMにおける実際の運営の場面での意志決定の仕方に問題が存在している。このことはより強く特定すれば、《NAMの原理》を決定し、あるいは、それ自身を改訂するために、または、NAMのさまざまな次元と領域での意志決定およびその意志決定を検証し修正するために、NAMはどのような意志決定のシステムを採用しているかという問題である。あるいはまた、《ＮＡＭの原理》を実際の組織の在り方においてどのように現実化するかという意志決定の在り方の問題である。そしてまた、ＮＡＭの実際の組織運営においてどのような意志決定システムを構築するかという問題である。

第三に、《ＮＡＭの組織原則》の構成において、組織原則と規約との関係の仕方に理論的な混乱が見られる。《ＮＡＭの組織原則》の規定には組織原則で規定しなければならない事項が欠落している。と同時に、組織原則で規定する必要の無い事項が混入している。組織原則の規定に規約で規定しなければならないことが混入しているのだ。組織原則は次の事項に関して、その一般的原則を定式化して規定しなければならない。第一は、組織の共同性の在り方である。第二は、組織の共同性における構成員個々人の権限である。第三は、組織における共同性と構成員との関係の仕方である。第四は、組織における意志決定の仕方である。第五は、組織の構成の在り方である。第六は、組織の機関の人事である。第七は、組織の運営（＝活動の仕方）である。これが組織原則の構成において必要な事項である。

それでは、このような問題視角を定めた上で、《ＮＡＭの原理》とＮＡＭの実際の在り方に関する分析と評価付けを、ＮＡＭの組織原則に限定して、批判＝自己吟味しよう。次に、その検討からＮＡＭの組織原則の特徴を一般原則として抽出する。そして、この描出を受けて、ＮＡＭの組織原則が孕む問題点を抉り出す。これらの理論的な検証を経由して、ＮＡＭの組織原則の理論的な書き換え遂行する。

①　組織原則

（一）組織原則1

組織原則1は三つの規定によって構成されている。この規定の特徴は次の三つである。第一は、「NAMは諸個人の自由なアソシエーションである」という規定である。第二は、「個々人はNAMの内部で一定のルールに従うほかには、自らの主権を保持する」という規定である。第三は、「個々人は他の組織や運動に属してよい。むしろ、このことによって、他の分散した組織や運動を媒介することを目指すべきである」という規定である。第一の規定は、組織の共同性の在り方を規定している。また、同時に、第二の規定は、組織の共同性における構成員個々人の権限を規定している。さらに、第三の規定は、組織とその構成員との関係の在り方を規定している。

さて、第一の「NAMは諸個人の自由なアソシエーションである」という規定は、マルクスが『ドイツ労働者党綱領評註』（いわゆる「ゴータ綱領批判」）で批判したラッサール派の「自由な国家」という単語の概念構成同じような問題点がある。つまり、「諸個人のアソシエーション」は《NAMの原理》と《組織原則および規約》によって「諸個人の自由」を制限する程度に応じてより自由ないしより不自由であるということだ。従って、「自由なアソシエーション」という言明の概念的な含意は、ＮＡＭは「諸個人のアソシエーション」であり、「諸個人の自由意志に基づいた契約によって組織されている」というように解釈されなければならない。とすれば、この言明は端的に「ＮＡＭは諸個人のアソシエーションである」という言明に置き換えられても問題は無い。そして、この規定は、アソシーエーションの在り方自体をより明確に規定することによって、民主主義的中央集権制の組織原則から根底的に離脱させることを試みることが出来る。

それは、諸個人の結合の仕方としてのアソシエーションを、諸個人の《リゾーム状のネットワークによって編制された》諸個人の《協働のための組織》として捉え返すことである。すると、ＮＡＭ組織の共同性の在り方についての原則は《ＮＡＭは、諸個人のリゾーム状のネットワークによって編制された、諸個人の協働のためのアソシエーションである》ということになる。これは「リゾーム的ネットワーク」型の組織原則である。また、同時に、第二の「個々人はＮＡＭの内部で一定のルールに従うほかには、自らの主権を保持する」という規定は、主権概念をＮＡＭとの関連で導入することには、比喩としては意義があるとしても、構成員と組織との規定の仕方には欠陥がある。なぜなら、「主権」という単語の概念は国家権力の概念との関連で規定されるべきである。そして、その主権概念は国家権力の権力の帰属を現しており、ＮＡＭは国家権力ではない。従って、この原則は、組織の共同性における構成員の権限を規定する叙述へ書き換えなければならない。

以上から、組織論として定式化された組織原則を次のように提示できる。第一は、組織の共同性の在り方を構成員のリゾーム状のネットワークによって編制された協働のための組織（アソシエーション）とする原則である。これは《リゾーム的ネットワーク》の原則である。第二は、構成員は《綱領（プログラム）》および《組織原則と規約》に従うという原則である。第三は、構成員は共同性から自律した権限を持つという原則である。第四は、構成員の他の組織や集団との関係における多次元所属および多重所属の原則である。

（二）組織原則2

組織原則2は、次のような規定の特徴を持っている。第一の特徴は、NAMとその形成する組織と集団との関係の仕方に関する規定に存在している。「NAMが企画する、あるいは会員が非会員とともに形成する組織や運動は、それぞれ自律的であり、NAMから区別される」という組織原則によって、NAMは自ら、NAMの構成員の分業と協業、つまり、協働によって、NAMの構成員以外を含む可能性を持ったさまざまな組織と集団を形成する。この形成された組織と集団は、NAMとは区別される。そして、それらの組織と集団は、それ自身の自律性と責任を持つ。第二の特徴は、NAMが他の組織や集団との関係の仕方に関する規定である。「それらが組織や運動と提携することはあっても、NAMがそうすることはない」という組織原則では、NAMが、自ら組織として、他の組織や集団と連携することは無い。「それら」とは、NAMの構成員がその相互の協働によって、ないしは、NAMの構成員以外との協働によって構成された運動や組織のことである。従って、この規定は、NAMを組織として構成すると同時に、NAMを組織ではあるが、諸個人としての構成員の単なる協働の諸関係の存在として、あるいは、構成員が形成する諸関係の空虚な形式として、構成する。この規定は、NAMを、《構成員の紐帯》として、あるいは、《構成員のアソシエーション》として編制されたNAMの組織構成における各々の機関（器官）の空間、ないしは、場として存在させる。そして、そのことを論拠として、NAMは、そのNAM自身の組織として他の組織や集団と連携することはしない。あるいはまた、NAMの組織構成上の各機関であるセンター事務局や各領域の単位の事務局などが、他の組織と集団と連携することはしない。「D－2　NAMが目指すのはそれ自身の組織的拡大ではない。『NAM的なもの』の散種である」という組織原則2の解説により、このアソシエーションとしてのNAMの組織としての可能な仕事は、『NAMの原理』で表現され記述された、そして、NAMの原理によって現実に適用され実現された、NAMの綱領（プログラム）および組織原則と規約の散種である。

組織原則2は、《NAMの組織原則》の中で、最も特徴的で重要なものであるが、同時に、欠陥を持っている。

この原則は、NAMが他の組織や集団との関係の仕方について、「それらが組織や運動と提携することはあっても、NAMがそうすることはない」と規定している。そのため、NAMはそのNAM自身の組織として他の組織や集団と連携することはしない。だが、この規定には、組織論上の根本的な問題を孕んでいる。それは、〈NAM組織〉と〈NAMの構成員が形成する組織と集団〉との種差付けの組織論上の意義に関与している。この規定は、組織論上の理論的な意義が無いということだ。なぜ、〈NAM組織〉は他の組織と集団と連携することは無いのだろうか。同じ問題の別の言い換えだが、なぜ、〈NAMの構成員が形成する組織と集団〉は、NAMの外部の組織と集団と連携することが可能なのだろうか。これは〈NAM組織〉と〈NAMの構成員が形成する組織と集団〉とを、組織論的に区別する理論的な根拠が存在するのだろうかという問題である。空虚な形式として組織を構成するその論理的階梯の限度、ないし、限界の設定という問題である。しかし、ここにはその限界線を引く場所の理論的な根拠は存在しない。従って、この欠陥の解決の仕方は、〈NAM組織〉の在り方を〈NAMの構成員が形成する組織と集団〉の在り方とを矛盾無く接合することである。具体的には、〈NAMの構成員が形成する組織と集団〉の在り方を〈NAM組織〉にまで拡張し、かつ、〈NAM組織〉に関する組織原則を保存することである。つまり、空間、ないし、場でありながら、かつ、他の組織や集団と連携することを可能とする組織原則の形成である。このような形の組織原則を確保するためには、組織原則2を理論的に修正して、次のような規定を編み出さねばならない。

《NAMは、その構成員が結びつくリゾーム状のネットワークであり、かつ、そのネットワークによって編制されたNAMの組織構成における各々の機関（器官）の空間（＝場）である。このNAMは、NAM組織として他の組織や集団と連携する。あるいはまた、NAMの構成員が形成する組織や運動は、他の組織や集団と連携する。》

このような組織原則を基礎付ける組織思想は、NAMの組織原則2の理論的な欠陥を取り除き、そして、拡張して、組織の構成を生成する運動過程として構想するところに、その核心を持っている。ないしは、この組織思想の理念上の核（コア）は、組織を構成する生成過程の空間（＝場）として構想するところにある。そして、この構想は、相異なる性質を持った空間の接合を可能にさせるものである。

以上までの組織論的な検証から、NAMの組織原則2の問題点を克服する形で、組織原則を一般化して構成できる。第一は、組織の構成を生成する運動過程とする原則、ないしは、組織を構成する生成過程の空間（＝場）とする原則である。第二は、組織は運動過程ないし生成の空間であるが、組織の内部組織や機構を含めて、他の組織や集団と連携できるという原則である。第三は、構成員が形成する組織と集団の構成員が所属する組織からの自律性という組織原則である。

（三）組織原則3

組織原則3は、NAMの構成員のNAMへの所属の仕方とその所属のもとでの代表の選出方法を規定している。この特徴は次の点に求められる。第一は、ＮＡＭの構成員の交差的な多次元的所属である。第二は、ＮＡＭは関心系、地域系、階層系の三領域を持ち、その各々に、複数の単位（ユニット）を持つ。第三は、この単位は代表と事務局を持つ。第四は、この単位はセンター評議会の構成員を選出する。第五は、ＮＡＭの内部の全ての組織において、たとえば、単位およびセンター評議会の代表は、互選とくじ引きによって選出される。第六は、重要な議題は、たとえば、規約の改正のような議題は、ＮＡＭの全構成員による討議と投票がなされる。これは、重みの在る重要な議題や問題に関する意志決定において、構成員の直接的な関与を可能にさせる直接民主制の導入という原則である。

組織原則3にはいくつかの混乱と限界が見出される。第一点は、《ＮＡＭの組織構成》と《ＮＡＭの意志決定》に関する規定を同じ項目の組織原則に導入していることである。この二つの規定は、各々別の項目で規定されるべきである。たとえば、この規定の中で、「各ユニットはそれぞれ自律的なアソシエーションであり、代表および事務局をもつ。これらのユニットから選ばれた代表がセンター評議会を構成する。また、そこで代表が選ばれる。代表は、どのレベルでも、互選とくじ引きによって選出される。規約改正などの重要な議題に関しては、全会員による討議と投票がなされる」と記述された部分には、組織原則で規定しなければならない規則と規約で規定しなければならない規則との混合が見られる。この「各ユニットはそれぞれ自律的なアソシエーションであり、代表および事務局をもつ」という部分は、ＮＡＭの組織構成の基本原則を定めたものであるから、組織原則に配置することは適している。だが、「規約改正などの重要な議題に関しては、全会員による討議と投票がなされる」という規定は、その規定自身に不備があるばかりではなく、この規定は、規約に該当する部分である。規定の不備とは、この規定に限定すれば、一般の議題に関する意志決定の仕方に関する規定が欠落していることである。第二点は、《ＮＡＭの意志決定》の方法としては、互選とくじ引き、そして、投票しか存在しないことである。これでは、意志決定の手法＝技術としては単純すぎる。また、互選とくじ引き、そして、投票という三つの意志決定の技術は、同様に、意志決定の技術のひとつである「選挙」という単語の概念構成に、全て、包括される。この場合の「選挙」という単語の概念構成は、「選出」という単語の概念構成と同じである。第三点は、「第三に、階層系として、学生と引退者という区分がある」という組織原則の解説「Ｄ－３」によって、ＮＡＭの階層系の領域に、学生と引退者との二つの階層区分しか、存在しないことである。一般的に言って、「階層」という単語の概念構成には、社会階層という意味の内部で、職業区分と所得区分、あるいは、階級区分やメリトクラシー区分、または、その他のさまざまな階層区分の意味が含まれている。ＮＡＭの階層系に学生と引退者しか、存在しないことは、社会構成を単純化しすぎている。第四点は、ＮＡＭの組織構成が、組織の階層化に基づいた、上位組織と下位組織とに二分化されており、中央集権的な在り方を採っていることである。これは、《ＮＡＭの原理》からのＮＡＭの組織構成自身の逸脱である。第五点は、ＮＡＭの全構成員による意志決定が必要かどうかの判断の基準が明確でないことである。これは、ＮＡＭの個々の日常的な諸活動における意志決定とＮＡＭの《プログラム》および《組織原則と規約》の変更に関する意志決定の仕方の区別が明確になされていないことから生じている。そのため、重要な議題と軽易な議題という形容によって、ＮＡＭの意志決定の仕方に区別を設けることになる。

以上のような《ＮＡＭの組織原則》の五点の特徴から、さらに、これらの組織論上の検証から、重要な議題と軽易な議題という区別を設けずに、組織の意志決定の組織原則を新に次のように定式化できる。第一は、組織の綱領（プログラム）および組織原則と規約の変更の意志決定には、構成員の全員が参加する直接民主制を導入するという原則である。第二は、組織の各機関の意志決定システムにおける参加民主主義という原則である。第三は、組織の構成における組織空間の多次元的分割という原則である。第四は、構成員の組織構成における多次元的所属の原則である。第五は、組織の各機関の人事における偶然性（ランダム性）の導入という原則である。

（四）組織原則４

組織原則４は、三権分立を、真に実現しようとする意図によって、ＮＡＭの執行機関と監査機関の在り方を規定したところに存在する。その特徴は、ＮＡＭの立法機関であるセンターの構成方法が、きわめて強い間接代表制になっていることである。「組織原則解説Ｄ―４」の中で立法機関の構成が「地域・関心・階層のすべての代表者たちで構成するのが『アソシエーションのアソシエーション』としてのセンター（代表者評議会）である」と言及されている。NAMの立法機関の構成方法において、NAMの構成員からの直接の選出方法の規定が存在しない。また、「組織原則解説D－4」で言及されている「行政機構として、センター評議会と各種委員会がある。これらはセンター評議会から任命される」という規定によって、センター評議会がNAMの執行機関としての各種委員会を任命することになる。にもかかわらず、NAMの司法機関である監査委員会の選出方法には極めて強い直接民主制が導入されている。「監査委員会は直接に全会員からくじ引きで選ばれる」という規定から、監査委員はNAM構成員の中から「くじ引き」で選出されることになる。さらに、この組織原則4では言及され規定されてないが、「組織原則解説D－4」では、中央集権的組織機構の中央と地方と組織的関係の相対化、あるいは、非中央集権化のために、「センター事務局は輪番制によって、各地域が担当する。いいかえれば、物理的空間としては、すべての地域が中心となる」という組織の構成技法が導入された。この技法は、組織構成において中央と地方という概念を維持しながらその地理的な固定化を避ける手法として編み出されたものである。

組織原則4には次のような問題がある。第一に、組織原則3が内包した問題と同様の《NAMの組織構成》と《NAMの意志決定》に関する規定を、同じ項目に配置した欠陥がある。そのため、これらの規定は分離して修正しなければならない。さらに、第二に、「組織原則解説

D－4」の中で立法機関の構成が言及されているが、この立法機関としてのセンターの構成方法に問題点が存在している。それはNAMの立法機関の構成方法において直接民主制が存在しないという根本的な欠陥である。第三に、センター評議会がNAMの執行機関としての各種委員会を任命するところに問題点がある。この任命方式では、間接的で中央集権的な行政機関がセンター評議会に従属する形で形成されるだろう。立法機関のセンター評議会と執行機関との組織的な関係から言えば執行機関の担い手は、センター評議会の任命ではなく、センター評議会の評議員から、ないしは、NAMの構成員から選挙によって選出されなければならない。

「組織原則解説D－4」では、「センター事務局は輪番制によって各地域が担当する」という組織の構成技法を導入した。だがしかし、この輪番制の組織技法で特定の地方が中央になったとして、その地理的空間のもとで、かつ、その時点でのその中央の地方との組織的関係における相対化、あるいは、中央の非中央集権化は可能だろうか。この輪番制の手法によって、組織構成の固定化は避けることは出来るが組織の意志決定システムにおける中央集権化を避けることは出来ない。組織の意志決定システムにおける非中央集権化は別の手法が必要なのである。このためには、組織の意志決定システムにおける直接民主制の導入が、しかも、補足的な形で間接民主制と組み合わせた導入が必要である。それは組織の意志決定システムから間接民主制を完全に取り除くことは組織論の原理において不可能であることによっている。さらに、中央とは《政治空間の全国性》のことだから、中央と地方との相対化（分権と自律）は、全国性と地方性との間の相互調整ということになる。

従って、これまでの組織論的な検証を受けて、さらに、ここで規定された組織原則の特徴を組織原則解説まで含めて、かつ、重複を取り除いて、NAMの組織原則4の問題点を克服する形で組織原則を追加して一般化すると次のようになる。第一は、組織における三権分立の導入という原則である。第二は、組織の執行機関および立法機関、そして、司法機関の構成員の選出における直接民主制という原則である。第三は、組織構成における中央と地方との非固定化という原則である。これは《分権と自律》の原則である。第四は、組織の各機関の意志決定システムにおける参加民主主義という原則である。

（五）組織原則5

組織原則5は、組織の共同性の在り方に関する規定、および、その構成員の活動の仕方に関する規定、そして、NAMの財政に関する規定がある。「NAMは、倫理－経済的なアソシエーションである」という規定は、組織の共同性の在り方に関する規定である。この規定の核は、「経済的」という用語で形容されているところにある。しかし、この規定の後の「強制はいうまでもないが、一方的な奉仕や自己犠牲も認められない。したがって、その中での労働はボランタリーであるが、LETSによって支払われる」は、構成員の活動の仕方に関わる規定である。さらに、「また、外部からの寄付に対しても、LETSで返却される」という規定は、N

AMの財政に関わる規定である。この規定は、その特徴として、LETS（地域交換取引制度）の貨幣概念を導入したとことにある。

組織原則5は、組織の共同性の在り方に関する規定とその構成員の活動の仕方に関する規定とが混在している。組織の共同性の在り方についての「NAMは、倫理―経済的なアソシエーションである」という規定は、組織の共同性の在り方に関する規定であるが、この規定の核心は、「経済的」という用語で形容されているところにある。だが、この「経済的」という単語の概念は「政治的」という単語の概念と区別させられて、対比的に使用されているために、組織の共同性の在り方から《政治的なもの》を先験的に排除する作用を持つことになる。しかし、これでは、NAM組織の活動の様相が、《政治的なもの》から予め区別された《経済的なもの》に局限化されてしまう。これでは、資本と国家へと対抗する革命運動を担う組織の共同性を構築できない。従って、この部分の組織原則5は、「政治経済的」という用語によって形容されて改定されるべきである。また、この組織原則5にはNAMの財政に関する規定が混入している。そのため、これらの規定は、その配置する項目を分離し、区別しなければならない。財政に関する規定は、組織原則から除外して、規約ないしは財政に関わる細目で規定すべきものである。さらに、この原則で導入されたLETS（地域交換取引制度）の貨幣概念には、その表現に概念構成上の欠陥が存在している。第1は、LETSは、国民通貨としての中央銀行券の概念構成を克服できないことである。LETSは基本的には国民通貨としての中央銀行券と同じ機能を持つ。ＬＥＴＳは円の概念構成を克服できないのである。たとえば、この端的な例証としては、柄谷自らが二〇〇二年の年末に執筆した「Ｑは始まらなかった」（一二月一四日）や「ＦＡ宣言」（一二月一一日）というＮＡＭの解散を巡るエッセイの中で、ＬＥＴＳ「Ｑ」の夢想性や理論的な欠陥を指摘して、その失敗を認めた。第二は、《労働はＬＥＴＳによって支払われる》という規定は、この規定の概念構成の欠陥を取り除いて正確に規定すれば、この規定は、特定の構成員の労働に対して、ＬＥＴＳという貨幣の形式で給付を行うことを意味する。つまり、労働の給付を労働賃金の形で支払うこと、別の言い方をすれば、ＬＥＴＳという貨幣の形式で給料を支払うということを意味することになる。だから、このＬＥＴＳの使用に関する規定は、国民通貨としての中央銀行券の概念構成を克服できないために、不必要で無効なものとなる。さらに、「労働」という単語の概念構成を「活動」ないしは「仕事」という単語の概念構成へと置き換える必要があるだろう。

従って、これまでの組織原則5に関する組織論的な検証から、問題点を解消する形で一般化して定式化すると次のようになる。第一は、組織は諸個人の倫理―政治経済的なアソシエーションであるという原則である。第二は、組織での構成員の活動はボランタリーであるという原則である。第三は、組織の活動＝仕事に関して、強制はいうまでもないが、一方的な奉仕や自己犠牲も認められないため、「貨幣」の形で給付を行うという原則である。

② 規約

『NAMの原理』（第2版）「E　NAMの諸規約」は、《NAMの組織原則》を受けて構成されている。NAMの規約には、次のような三つの項目の規定のみ存在している。第一は「E－1　議決と規約改正のルール」であり、また、第二は「E－2　行動と通信のルール」であり、そして、第三は「懲罰のルール」である。この三つのルールには次のような特徴がある。

第一の「E－1　議決と規約改正のルール」は、NAMの意志決定のための議決に関する規定および規約変更のための規定である。「NAMのプログラムや組織原則は（中略）変更可能である。規約委員会の答申は全会員の投票にかけられる」と規定されているように、NAMのプログラムと組織原則の変更は、NAM構成員が全員参加して意志決定するという参加民主主義と直接民主制の原則によって行われる。また、「NAMにおける行動の決定は、徹底的な討議によるコンセンサスにもとづく。賛成しないものは参加しなくてもよい」という規定は、組織の行動の意志決定に対する非拘束の原則を述べているものである。この規約として表現された組織原則は、この『NAMの原理』（第2版）の規約解説において明確に自覚された形で論述されてはいないが、その理論上の含意としては、組織の行動における統一性の保証を組織の構成員の個的意識ないし身体の振舞い方に内在化された行動規範に求めるものである。

第二の「Ｅ－２　行動と通信のルール」は、文字通り、ＮＡＭの構成員の行動と通信に関する規定である。「ＮＡＭの会議はバーチャルな空間において、つまりメーリングリストなどで恒常的に行われる。それは、実際の空間での会合よりも重要であると見なされるべきである」という規定は、会議におけるバーチャル空間の導入という点で、かつ、バーチャル空間を実際の対面的なコミュニケーション空間に較べてより重要性を付与するという、際立った特徴を持っている。この規定によって、組織の構成が必然的に持つ組織における討議ないし会議の場所の地理的な限界を超えることが出来る。新しい通信コミュニケーション技術の導入によって、新しい組織活動の在り方、あるいは、活動の技術が作り出された。組織活動の新しい文法の登場だ。この規定の登場に強いられて、新しい「通信のルール」が明示化されなくてはならない。そのため、「通信のルール」として「iii　ＭＬでの討議中の事柄をＮＡＭの外部に公開してはならない」という規定が設けられることになる。この規定は、ＮＡＭのＭＬ（メーリングリスト）内部での討論を、討論中という限定付きではあれ、非公開にするという規則である。さらに、「iv　当人の許可なく、ＮＡＭ内部での通信をＮＡＭの外部で引用転載してはならない」という規定は、ＮＡＭ会員が自由な形で会員相互の通信記録を引用転載できないという規則である。「組織原則解説Ｄ－４」の中で「ＮＡＭは秘密をもたない。ゆえに、重要な議題や争点がすべてのメンバーに知らされ、かつ、いつでも参照できるようにすべての通信記録が保存される」という《情報の公開性》という原則が設定されている。この原則によれば「NAMは秘密をもたない」にもかかわらず、NAMはNAMの外部に対しては秘密を持つ。この《情報の公開性》という原則は、NAM組織の内部とそのNAM構成員だけに通用するものである。さらに、この《通信のルール》では（iii）の《討論の非公開》の規則と（iv）の《自由な引用転載の不許可》の規則との間の関連が明確に規定されないままになっている。

第三の《懲罰のルール》は、「E—2　行動と通信のルール」の中の(3)および(4)の項目で規定されており、NAM構成員が《行動と通信のルール》を破った場合の罰則の規程である。「E—2　行動と通信のルール」は例外的な事態に対応するものとして「ただし、緊急を要する場合には、一時的な措置として、NAM代表もしくはセンター事務局長は自らの判断に基づき、問題の発言を削除したり、当該会員をMLから抹消したり、その会員資格を剝奪したりすることができる」という規則を設けている。この規則は、例外的なことがらに関する規則とはいえ、NAM代表ないしはセンター事務局長による会員資格の剝奪を可能にさせる。

さて、このような特徴を持つNAMの規約には、論理レベルの異なったいくつかの問題が、しかも、規約の在り方に関わる重要な問題が露出し、いくつかの重大な欠陥が存在している。

第一の問題は規約を構成する場合に必要な事項の欠落である。これらの規定は、規約の構成要件を欠いている。政治的組織としての組織構成を規制する規約には、最低限、次のAからK

までの構成要素を必要とする。「Ａ・名称　Ｂ・所在地　Ｃ・目的　Ｄ・構成員の範囲及び条件　Ｅ・構成員の加入と離脱の方法　Ｆ・組織の構成　Ｇ・意志決定の方法　Ｈ・財政　Ｉ・規約の改正の方法　Ｊ・解散　Ｋ・附則」。だがしかし、ＮＡＭの規約には、次の三項目のルールしか存在しない。それは、第一は、「議決と規約改正」であり、第二は、「行動と通信」であり、第三は、「懲罰」というルールである。

第二の問題は、第一の問題と関連しているが、意志決定において議決が必要な場合における意志決定の仕方に関する規定に不備がある。その例として、ひとつ挙げれば、ＮＡＭの領域を構成する各系における各単位およびその事務局の意志決定の仕方や、センター事務局の意志決定の仕方を規定していないことである。

三番目の問題としては、ＮＡＭの規約には、その規約を規定する原理において、欠陥がある。それは、「ＮＡＭのプログラムや組織原則は、それを変えれば非ＮＡＭ的となってしまうようなものでないかぎり、大多数の合意があれば、変更可能である」という記述に端的に現れている。この場合、「非ＮＡＭ的」という単語の概念は、その適用範囲を明瞭に確定することができない。どのような原則から「非ＮＡＭ的」になるのかが不明確なのだ。ＮＡＭのプログラムおよび組織原則と規約の変更は、ＮＡＭの構成員の共同意志によって、いつでも変更可能なものである。そして、ＮＡＭのプログラムおよび組織原則と規約が、いつでも、変更される可能性を持つということは、ＮＡＭはＮＡＭ以外の組織に、ＮＡＭの原理から離脱する形で、いつでも、変わり得ること、組織論の原理において保証している。

第四の問題は、参加民主主義を否定するような組織運営技法の再導入という問題である。（ⅲ）の《討論の非公開》の規定は、ＮＡＭのＭＬ（メーリングリスト）内部での討論を、討論中という限定付きではあれ、非公開にするという規則であるから、組織論においては非参加民主主義的手法の再導入、あるいは、組織原則においては組織の共同性を閉鎖的なものに変化させる技法の導入である。また、（ⅳ）の《自由な引用転載の不許可》の規定は、近代的な著作権の理念からの逸脱であり後退である。なぜなら、著作権の理念は著作家としての当人の許可あるいは不許可に関係なく他者が《引用できる》からである。「組織原則解説Ｄ－４」は、《行動と通信のルール》に関連する規則に言及して《情報の公開性》という原則を設定している。しかし、この原則では「ＮＡＭは秘密をもたない」にもかかわらず、ＮＡＭはＮＡＭの外部に対しては秘密を持つ。つまり、この原則は、ＮＡＭ組織の内部とそのＮＡＭ構成員だけに通用するものである。しかし、《情報の公開性》という原則は、その理念の意義においては、ＮＡＭ内部の討議されたことがら（＝情報）を、その討議の途中であっても、ＮＡＭの外部の諸個人へ、組織や集団を含めて公開するという原則でなければならない。

さらに、第五の問題は、無自覚な形での、中央集権的な運営手法の再導入である。たとえば、それは、但し書きで挿入された、例外事項の規定に端的に表現されている。《緊急を要する場合には》、ＮＡＭ代表ないしはセンター評議会事務局長は、ＮＡＭ会員に対する除名の権限を持っている。この規定は、ＮＡＭ構成員の会員資格の可否についてのＮＡＭ代表ないしは事務局長の個人的専制を許すものになる。そして、この規定は、最初は、無自覚に、後ほどは自覚的に、権力の濫用を招くであろう。またさらに、罰則の該当期間に無期限の区別が、存在しているのは、罰則の修正が効かない極めて重たい規定である。期限を定めることが出来ないのは除名の規定のみである。しかしまた、この除名規定も、再加入の手続きに関する規定を附与しなければならない。このように規則間のバランスを採用したものでないと、組織は不活性化し硬直化するだろう。従って、このような型の規定は、丁寧に、その効力を削減しなければならない。

第六の問題は、不完全な三権分立論の導入である。たとえば「４　当該会員は、監査委員会が指定する期間内に、監査委員会にたいして自己のルール侵害にたいする弁護や謝罪をおこなうことができる。監査委員会はそれらを勘案して審議を行い、会員資格の剥奪（無期限／有期限）や回復、ＭＬへの登録停止（無期限／有期限）や再登録などを決定する」という規定の限界である。この規定はＮＡＭ構成員の非行に対する取り扱いにのみ焦点が当たっている。そのため、この規定のみでは、ＮＡＭ代表やセンター評議会事務局長の意思決定に対する司法的な次元での検証を監査委員会は行うことができない。また、監査委員会は、ＮＡＭの立法機関であるセンター評議会の意志決定に関して司法的な判断を行うことが出来ない。さらに、監査委員会は、ＮＡＭの執行機関（センター事務局や各種委員会など）の事務を司法的に検証できない。

(2) 世界社会フォーラム組織論

世界システムのもとでの資本と国家のグローバリゼーションに対抗して、二〇〇一年一月二五日から三〇日までの期間に、ブラジルのポストアレグレで世界社会フォーラムの運動および組織は生み出された。この世界社会フォーラムの運動および組織は、「世界社会フォーラム原則憲章」（一四条編成）（Fisher;Ponniah (ed) [2003=2003:443-446]）によれば、次のような組織論上の特徴と問題を持っている。

原則憲章の前文では、世界社会フォーラムの運動原則を規定したものだと述べているが、実際の規定の仕方は、運動原則に関わる綱領（プログラム）に該当する部分と組織原則に該当する部分との混合である。従って、これらの混合を丁寧に区分し、そして、綱領に該当する部分を取り除かなければならない。[註12] それらの組織原則の各々を組織論上の概念系に置きなおすと次のようになる。

第一の系列は、世界社会フォーラムの共同性の在り方を規定する。原則一は世界社会フォーラムを「自省的な思考、諸思想の民主的な討論、提案の作成、経験の自由な交換、効果的な活動のためにつながりあうための、公開された討論の場」と形容する。また、原則二で「フォーラムはイベントに縮減されることのないオルタナティブを追求し建設する永続的な過程」と規定する。さらに、原則一一において「議論のためのフォーラムであり、反省を促し、反省の諸結果をわかりやすく伝える思想運動」と規定する。そして、原則一二は「経験の交換のための枠組み」と述べる。原則一四は「ひとつの過程」と規定する。この過程は「参加の諸組織や諸運動の活動を強化し、これらが地域レベルから国家レベル、そして国際的文脈へ参加するように活動状況」を強化する。ただし、これらの規定には個人参加の文脈が考慮に入れられていないが、第三の系列での議論を先回りして踏まえると、世界社会フォーラムの組織実態は、個人および組織の参加の複合体である。従って、これらの規定の系列は、一般的な原則に集約すると、《世界社会フォーラムの共同性の在り方を世界社会フォーラムへの参加の諸組織および諸個人の討論を基礎としたコミュニケーションの空間＝場、あるいは、経験の交換や連帯を形成するための形式的な構造＝システム、ないしは、運動の過程》として規定するものである。

第二の系列は、世界社会フォーラムの活動の在り方を規定する。原則一は「自省的な思考、諸思想の民主的な討論、提案の作成、経験の自由な交換、効果的な活動のためにつながりあう」活動と規定する。さらに、原則一一は「資本による支配機構や手段について、また支配に抵抗し、それを克服するための方法や活動について」と述べ、「人種差別や性差別、諸国や国際的規模での環境破壊をともなう資本主義的グローバリゼーションの過程においてつくりだされている排除や社会的不平等の問題を解決するためのオルタナティヴな提案について」自省的に思考する（＝熟慮）と規定する。さらにまた、原則一二では、「参加組織や運動間の相互理解や相互認識を深めるよう奨励」し、「現在のためにもこれからの世代のためにも、こうした経験の交換が特に重要である」と考える。そして、原則一三は「相互関係のための織り合わせ状況をつくるために、組織や運動の間の、新しい国家的で国際的な結びつきを強化し作り出す」と規定する。これらの規定の系列は、一般的に原則化すると、《世界社会フォーラムの活動の在り方は世界社会フォーラムへの参加の諸組織および諸個人が、資本と国家へと対抗する効果的でオルタナティヴな活動と政策を形成するために相互に織り重ね合い連結（＝連帯）して、経験を交換し民主的な討論を行う》という原則になる。

第三の系列は、世界社会フォーラムの活動における価値観（行動規範）の在り方について規定するものである。原則六は「全員または多数が組織として行動するよう求めたり、フォーラムが組織としての立場を確立するよう宣言したり提案したりすることもない」と述べて、その後に「参加する諸組織や諸運動の相互関係や活動のための唯一の方向性だけを設定することはない」と述べる。さらに、原則八は「分権的な手法にもとづき、多元的で多様な、非宗教的、非政府的、非政党的なもの」と述べ、原則九は「参加することを決めた諸組織や諸運動の活動やかかわり方の多様性と多元主義へと常に開かれたフォーラムである」と規定する。そして、その原則の帰結として「ジェンダーや民族性、文化、世代、身体的能力などの多様性」を受け入れる。これは《多元主義（プルーラリズム）》の原則である。

第四の系列は、世界社会フォーラムの参加の資格を規定する。原則一では、「世界社会フォーラムは市民社会の諸集団や諸運動によって」創られたと規定されている。また、原則五では「世界社会フォーラムは、世界の全ての国々から市民社会の諸組織や諸運動が集まり、たがいに連帯する」という組織参加の原則が述べられている。しかし、「世界社会フォーラム原則憲章」では個人参加についての明確な規定は無い。だが、原則九での「諸組織や諸運動が原則憲章を遵守するという条件にもとづいて、ジェンダーや民族、文化、世代、身体的能力などの多様性を受け入れる」という規定や、その後の「政党や軍事組織の代表者は参加することができない。政府指導者や立法機関の議員が憲章の原則を守ることを誓うなら、個人の資格でフォーラムへ招待される」という原則により個人参加が認められている。すると、弱い規定の形で、個人参加の原則が設定されているといえるだろう。そのため、これらの規定の系列は強く強調して、「世界社会フォーラム」の組織実態に合わせて、《個人参加と組織参加》の原則と言えるだろう。

第五の系列は、世界社会フォーラムとその参加諸組織および諸個人との関係の仕方を規定する、あるいは、世界社会フォーラムの参加諸組織および諸個人と世界の市民との関係の仕方を規定するものである。原則五の「世界の市民社会を代表するものではない」という規定は、《非代表制》の原則である。この原則は《代表するもの》と《代表されるもの》との関係の仕方についての言語論的な解釈の導入である。これは《ソシュール以降の構造主義の言語理論》

における記号論解釈に従う規定である。《代表するもの》は参加の諸組織自らや諸個人自らを代表するのであって他のものを代表することはできない。従って、世界社会フォーラムに参加する諸組織や諸個人は《本質的に》世界市民を代表することは出来ない。さらに、原則六は「どのような個人も世界社会フォーラムの諸会合を代表する権限を持つことはなく、また諸会合の参加者全体の意志を代表する権限を持っていないこと」と規定する。これも同様に《非代表制》の原則である。別の用語では《自己代表制》の原則ということになる。この原則の含意は、《自己は他者を代理して代表することは出来ず自己のみを代表することが出来る》という原則である。

第六の系列は、世界社会フォーラムと「国家権力および政党と軍事組織、そして宗教組織」との関係の仕方を規定するものである。原則八は「非宗教的、非政府的、非政党的なもの」と述べ、そして、原則九は「政党の代表者や軍事組織は参加することができない。この憲章の約束を受け入れた政府指導者や立法機関の議員は個人の資格で招待される」と参加の仕方について制限を賦与する。だがしかし、この原則の一部分《非政党》という原則はその組織実態と矛盾する。その組織実態は、たとえば、ラテンアメリカ社会科学協議会、グリットの人権に関する全国運動（インド）、南アフリカ労働組合会議（南アフリカ）、APM世界ネットワーク、世界女性行進、連帯社会経済作業部グループ、ケベック連帯経済グループ（カナダ）、ATTACフランス（フランス）などの政治的組織が参加している。そうすると、《非政党》という原則によって、世界社会フォーラムの組織構成における組織的関係付の政党からの解放は、組織の在り方の自己了解としてもあるいは組織論の原理としてもその意義はなく間違っている。なぜなら、世界社会フォーラムは自らの運動と組織を《非政党》として了解しているが、その自己了解とは異なって、その運動と組織実態は政治的運動と組織であり、理念は政治的理念の性格を持っている。世界社会フォーラムは資本と国家とに対抗する政治的運動の共同行動組織あるいは共闘組織とも形容できる。世界社会フォーラムは現在の政治的諸条件の下での《大衆の自己権力機関》の現象形態である。だから、世界社会フォーラムが政党と組織的関係付を持たないという組織原則を強く設定することは、世界社会フォーラムの運動と組織自身を歪な閉じられた性格のものに変形させてしまう。このような政治的組織にとって政党から距離を取ることは、同様に政府機関から距離を取ることは、国家権力および政治的権力の作動を制御するための現実的な手掛かりである《国家のイデオロギー装置》の《重要な》一部分を失うことになる。そのため、《非政党、非政府》という原則は廃棄し、かつ、《非宗教・非軍事組織》の原則は生かして、そして新に《政党および政府機関は参加できる》という原則を構築すべきである。さらに《宗教組織や軍事組織は参加することができない。この憲章の約束を受け入れた宗教組織や軍事組織の構成員は個人の資格で招待される》という原則を規定する必要がある。これらの規定を受けて《世界社会フォーラムが国家権力および政党や軍事組織、そして宗教組織から自立し自律する（＝独立する）》という原則を設定すべきである。

第七の系列は、世界社会フォーラムと地域との関係の仕方を規定するものである。原則三は「世界社会フォーラムは世界的な過程である。この過程の一部分として開催されるすべての会合は国際的な重要性をもつ」と述べる。これは、《インターナショナリズム》の原則とでも言うべきものだろう。

第八の系列は、世界社会フォーラムとその参加組織との関係の仕方、あるいは、世界社会フォーラムの中で参加組織の権限を規定するものである。原則七は「フォーラムの会合に参加する諸組織や諸組織のグループが単独で、または他の参加諸組織と協力して、会合の中で宣言や活動を決める権利は保証される」と述べる。これは《分権および自律》の原則である。

第九の系列は、世界社会フォーラムの組織としての意志決定の在り方を規定するものである。原則六は「投票であれ拍手による承認であれ、すべてのあるいは大多数の参加者がかかわることになる活動について、全体としての採決を求めてはならない」と述べる。これは《非決定》の原則である。ところで、この《非決定》の原則を世界社会フォーラムにおける意志決定の仕方の組織原則とすることは組織論において根本的な問題を孕む。それは、世界社会フォーラムという組織とそこへ参加する諸組織や諸運動とを組織論的な区別を行う根拠が存在しないからである。なぜなら、《世界社会フォーラムという組織の意志決定の在り方》と《世界社会フォーラムに参加する諸組織や諸運動の意志決定の在り方》とを区別する組織論上のあるいは運動論上の理由が存在しないことである。というのは、世界社会フォーラムという組織は《組織としての意志決定》ができないが、しかし、世界社会フォーラムに参加する諸組織や諸運動は《組織として意志決定》できるという組織論上かつ運動論上の理由が明確でないからである。このような《非決定》の原則の規定によって政治運動を担う政治的組織を編制する場合の組織論上のあるいは運動論上の意義が明確に説明されていない。従って、この《非決定の原則》は、世界社会フォーラムの意志決定の仕方を規制する組織原則としては廃棄されなければならない。これを受けて、新に《世界社会フォーラムは、組織としてあるいはその諸会合において公平な技法によって参加の諸組織および諸個人が意志決定を行うため、参加民主主義を取り入れた意志決定システムを採用する》という原則を確立する。

第一〇の系列は、世界社会フォーラムへの参加組織が討議し決定した事項の公開の仕方に関する規定である。原則七は、世界社会フォーラムが、参加の諸組織の単独ないし諸組織のグループが審議し決定した結果に対して、序列化したり、検閲や制限を加えることなく可能な方法で広範囲に公開すると規定する。これは、《討議および決定事項の公開性》の原則である。

第一一の系列は、世界社会フォーラムの内部的な組織編成の仕方、あるいは、参加の諸組織の相互の連携の仕方を規定する。原則六は「参加する諸組織や諸運動が交流し活動するためのひとつの方法だけを定めることはない」と述べる。これは《多元主義》の原則を組織および運動の連合の仕方へ拡張したものである。さらに原則八は「もうひとつの世界を打ち立てるために、分権的な方法で、地域レベルから国際レベルまでの具体的に活動する諸組織や諸運動を相互に結びつける（＝連携する）」。これは《開かれた接合》の原則である。

3　《新しい型の党》組織論の生成

この項目では、《新しい型の党》を結成し、その下で現実の政治的諸実践を行うための、組織論上の統整的理念となる実際の「組織原則草案」を造形する。そのための参照点として、これまでの2⑴ＮＡＭの組織論の検証および2⑵世界社会フォーラムの組織論の検証を置く。これらの組織論的な検証を経由して抽出された組織原則を定式化して一般的な命題として構成する。このため、組織原則に必要な七つの事項に分割して規定する。

①【**組織の共同性の在り方**】

党は、党の綱領（プログラム）および《組織原則と規約》を承認し、かつ、党の各機関（器官）に所属した諸個人によって構成される。党組織は集団や組織の参加によっては構成されず、個人の参加によって構成されることが原則である。これは《個人参加》の原則である。

党は、その構成員の、倫理－政治経済的な、リゾーム状のネットワークとして編制された協働体（アソシエーション）である。党は綱領（プログラム）および《組織原則と規約》を《生成する》《問いと討論の場＝空間》であり、かつ《運動の過程》である。党組織の共同性の在り方は参加の諸個人の問いと討論を基礎としたコミュニケーションの空間＝場、あるいは、経験の交換や連帯を形成するための形式的な構造＝システム、ないしは、運動の過程である。さらに、参加の諸個人が資本と国家へ対抗するために経験を交換し、および、民主的な討論を経由して資本と国家へと対抗する永続的な運動である。これは《リゾーム的ネットワーク》の原則である。党はこのような構成員自らが自己組織化する構成体であり、同時に、生成する討論の空間であり運動の過程であるが、そのようなものとして、党および各機関は党外部の他の組織や集団と連携することができる。

②【組織の共同性における構成員個々人の権限】

党の構成員は党および党の機関からの自律性と責任を持ち、その権利と義務は平等である。これは《自律性と責任》の原則であり、《権利と義務の平等》の原則である。党の構成員は党以外の組織や集団に属してよい。むしろ、このことによって、他の分散した組織や集団を媒介することを目指すべきである。これは、《多元主義（プルーラリズム）》の原則である

③【組織の共同性と構成員との関係の仕方】

党は、その内部に政治的な諸分派が存在することを、党の共同意志とその構成員の個的意志の本質的な関係の仕方として、肯定する。これは《分派の肯定》の原則である。党の各機関の意志決定は、その各機関の全構成員の共同意志としての表現ではなく、合意し賛成した限りでの多数派構成員の共同意志の表現である。これは《自己代表制》の原則である。党の構成員は党および党の各機関の意志決定に拘束されず、自由に活動することができる。党の諸分派と構成員は、党あるいは各機関の共同意志の決定に対して、自由に反対意見をあらゆる場所と形態（印刷や電子メディア等々）で表現する権限を持つ。と同時に、党の諸分派と構成員は、党あるいは各機関の共同意志の決定に対して、自由に非行動、および、反対行動をあらゆる場所と形態において表現する権限を持つ。これは《非拘束》の原則である。党の各機関及び構成員は、これらの諸分派と構成員の意志の表現（行動を含む）を抑圧し禁止する権限は持たない。したがって、党組織の各機関における意志決定の遂行を現実的に保証するのは、党の構成員の個的意識にもとづいた表現である。このことにより、党の活動＝仕事は、党組織の構成員の個的意識に内面化された行動規範（行動の仕方についての共同意志の特定の在り方）が支える。これは《自己決定》の原則である。

④【意志決定の仕方】

党の意志決定システムは《参加民主主義》の原則を持つ。党を構成する各機関の意志決定は、その機関に所属する構成員の参加によって、行われる。党および党組織を構成する各機関の意志決定は、行動の決定を含めて、原則的には徹底的な討議によるコンセンサスにもとづく。ただし、必要な場合は公正さが確保できる意志決定の方法によって行う。党の綱領および《組織原則と規約》の変更は党の全構成員の参加によって行われる。そして、意志決定の過程における《討議および決定事項》を公開する。これは《討議および決定事項の公開》の原則である。

⑤【組織の構成の在り方】

党組織は《分権および自律》の原則によって構成される。党は、党組織における政治的権力の集中を防止するために、党の組織構成において、立法権、行政権、司法権の三権を分立する。これは《三権分立》の原則である。党組織の各機関はその役割と機能において分割され、その機関の権限は他の機関の役割と機能から分割され抵触しない限りで自律する。党が自らの構成員のみで形成する組織や集団は、あるいは、党の構成員が非構成員と形成する組織や集団は、それぞれ党から区別される。これらの組織や集団は党からの自律性と責任を持つ。これらの組織や集団は党の外部の組織や集団と連携することができる。これは《開かれた接合》の原則である。党は、関心系、地域系、階層系の三つの領域から構成される。それらは各々、複数の単位（ユニット）をもつ。党の構成員は、同時に、これらの三領域に属する。これは《多次元所属》の原則である。関心系の場合、構成員は複数の単位に所属することができる。各単位はそれぞれ自律性と責任を持つ。

⑥【組織の機関の人事】

党を構成する各機関の人事（担当者の選任および解任）は、党の組織構成の全空間で、党の全構成員の参加によって決定される。これは《直接民主制》の原則である。

⑦【組織の運営の仕方】

党の運営は党の構成員のボランタリーな活動によって担われる。これは《ボランタリー活動》の原則である。党の活動に強制は認められないが、また同時に、一方的な奉仕や自己犠牲も認められない。党の活動に関して必要な場合は妥当な給付を与える。これは《活動給付》の原則である。党組織の各機関の運営は一からこの七までの項目で規定した原則によって行われる。

これまでの①から⑦の組織原則の構想により、これからの新しい共産主義運動における《新しい型の党》の組織原則を構築することができる。

【註】

［註1］「帝国」という単語の概念構成は、マイケル・ハートとアントニオ・ネグリとの共著である『帝国』(Hart;Negri〔2000=2003〕)の論述で示されたものである。「帝国」とは、われわれの概念装置で置換すると、世界的な脱中心的で脱領土的な支配装置であり、また、その支配のネットワークを調整しながら、そして、たえず拡大しつづけ開かれた世界的な《資本の再生産(単純および拡大)》ないし《資本制的生産の総過程》およびそのもとに編制された世界の経済的で社会的な異種混交的(ハイブリッド)アイデンティティーと柔軟な階層秩序を有効に調整する単一の支配論理のもとに統合された超国家的な政治的構成体としての世界的な主権である(Hart;Negri〔2000=2003:3-5〕)。

［註2］アントニオ・グラムシは『グラムシ獄中ノート』(グラムシ〔一九七八〕)の中で、西欧の強固な市民社会という政治的地盤の内部での《革命的政治的権力としての憲法制定権力》の構築へ向けた政治的実践との関連で「ヘゲモニー」の概念を構想した。彼は「ヘゲモニー」概念を《言語の作動》と《権力の作動》との接合によって解明しようとしたが、理論的な端緒を提示したままに留まった。

［註3］「大衆」という単語の概念は、政治革命への志向のもとで《自己組織化する》《生成する》「プロレタリアート」と同じ理論的な特性をもった概念である。「プロレタリアート」という単語の概念は未だ存在しない存在者を概念的な呼びかけによって政治的に構築しようとする政治戦略の表現である。この戦略的概念は《能動的なもの》であり、《呼びかけ》によってその《呼びかけられた存在者》を《存在させる》力を持つ。この戦略的概念は『共産主義者宣言』(Marx;Engels〔1848=1993〕)によって構想された。

同様の理論的なことがらを、長崎浩は『結社と技術――長崎浩政治論集』（情況出版、一九七一年）所収の論文「結社と技術――叛乱の組織問題」の中で「プロレタリアート」を《政治的に自己表現する大衆》として規定することによって述べている。また、このような様相を持つ戦略的概念を、ハートとネグリは『帝国』の中で「マルチチュード」という用語で表現した（Hart;Negri〔2000=2003:488-512〕）。

［註4］このような意義での《政治の技術》を長崎の『結社と技術』は、三木清の「構想力の論理」（『三木清全集　第八巻』岩波書店、一九六七年）を参照し、政治的実践との関係の仕方において描出した。

［註5］社会主義政党ないし共産主義政党の組織原理の類型は加藤哲郎の組織論に関する優れた著作『社会主義と組織原理Ⅰ』（窓社、一九八九年）を基礎にしている。われわれは加藤が提示した組織原理の類型を継承しつつ、「指導者独裁」型および「リゾーム的ネットワーク」型の類型を付け加えるという理論的な修正を加えた。

［註6］「民主主義的中央集権制」という単語の概念については、滝村隆一が『国家論大綱　第一巻（下）』（勁草書房、二〇〇三年、六六一〜六六二頁）で行っている制度論的な分析を参照せよ。

［註7］《知の政治》が、マルクス主義の内部で、《真理の政治》から分離される形で、《言語の政治》として現象するその在り方は、長崎の『日本の過激派――スタイルの系譜』（海燕書房、一九八八年）に収録されている「言語の永久革命――レーニンにおける政治的言語の構造」によって、その端緒を叙述されている。これは一九一七年ロシア革命において、亡命先から封印列車でロシアに帰国した直後、レーニ

ンが呼びかけた政治的言語「現在の革命におけるプロレタリアートの任務」（いわゆる「四月テーゼ」）（『レーニン全集　第二四巻』、大月書店、一九六四年）の政治的力についての言語論的な分析である。権力や政治の作動を言語の作動として捉え返そうとする理論的なまなざしは、長崎にあってはすでに『叛乱論』（合同出版、一九六九年）や『結社と技術』で登場している。この理論的な体系化は、『政治の現象学あるいはアジテーターの遍歴史』（田畑書店、一九七七年）によって行われた。さらに、その理論史的な基礎付けは『革命への問いとマルクス主義——階級、自然、国家そしてコミューン』（エスエル出版会、一九八四年）によって遂行された。日本左翼において、長崎の理論的な仕事とは別に、政治的諸実践の生成の場となる《知の政治》と《言語の政治》との接合の在り方を理論的に取り扱う概念装置を準備した代表的な思想家を挙げるとすれば、たとえば、吉本隆明を挙げることができる。その代表的な作品は三部作『共同幻想論』、『言語にとって美とはなにか』、『心的現象論序説』（三部作とも、角川書店、角川文庫、一九八二年）である。また、《言語の政治》という政治的実践への志向は、たとえば、ハートとネグリの『帝国』の中では、「マルチチュード」概念を《権力論および革命論》の言語論的転回へと接合することで遂行されている(Hart;Negri〔2000=2003:501-502〕)。

〔註8〕デイヴィド・マクレランは『マルクス以降のマルクス主義　序』(McLellan〔1979=1985〕)の中で、マルクス主義の系譜図を描出している。この系譜図では、日本マルクス主義が完全に欠落しているが、さらに一九七九年という執筆年代の制約もあり、アントニオ・ネグリなどのイタリア・マルクス主義やその他の現代的なマルクス主義の系譜はたとえば、分析的マルクス主義など触れられていないが、注目すべき

は、マルクス主義という種の系譜内部の亜種として、ドイツ語圏の社会民主主義から、ロシア・マルクス主義、戦間期の西欧マルクス主義、中国および第三世界マルクス主義、さらに、フランクフルト学派、実存主義的マルクス主義、構造主義的マルクス主義、イギリスとアメリカ・マルクス主義までが配備されていることである。

［註９］われわれは、二〇〇三年一一月二九日、筑波大学大塚校舎にて開催された社会理論学会研究大会自由報告部門での、木畑が行った「知の政治――共産主義の誕生」（第五草稿二〇〇三年一一月二八日）という報告の中で、『共産主義者宣言』をフーコーの『言葉と物』（Foucault〔1966=1974〕）および『知の考古学』（Foucault〔1969=1970〕）と『言説の秩序』（Foucault〔1971=1972〕）で説明された考古学および系譜学の方法を用いて分析し、共産主義が《知の政治》の特殊な型である《真理の政治》という現象形態を採ることによって誕生した政治的実践の事態を描出した。

［註１０］「リゾーム的ネットワーク」型という単語は造語である。この単語の概念はジル・ドゥルーズとフェッリクス・ガタリとの共著である『資本主義と分裂症』などの理論的な仕事に関連付けられている。たとえば、『千のプラトー』（『資本主義と分裂症』第二巻）での「リゾーム」という単語の概念構成についての叙述を参照せよ(Deleuse;Guattari〔1980=1994:30-34〕)。

［註１１］ＮＡＭは、二〇〇二年一二月一八日から二二日までの全会員の電子投票によって、組織の解散を決定した。ＮＡＭ代表の田中正治は、二〇〇二年末、「ＮＡＭ機構解消と運動の真の再生に関する声明」を発表し、ＮＡＭは二〇〇三年一月三一日付で解散した。

［註１２］「世界社会フォーラム原則憲章」（一四条編成）の中から言明の重複を取り除いて、綱領（プログラム）に該当する言明を整理すると次の一五項目になる（Fisher;Ponniah (ed)〔2003=2003:443-446〕）。第一、新自由主義を批判する。第二、資本主義および帝国主義に反対する。第三、資本の支配と支配機構を克服するための方法や活動を模索する。第四、資本主義的なグローバリゼーションに対抗する。第五、普遍的な人権理念および市民の権利を尊重する。第六、社会正義・平等・市民主権に奉仕する民主的な国際社会の仕組みと国際機関を構築する。第七、民主主義による実践と参加型の民主主義を構築する。第八、国家権力の社会統制のための暴力に反対する。第九、民族間の平等と連帯を形成する。第一〇、ジェンダー間の平等と連帯を作り出す。第一一、個人の専制と独裁をすべて排除する。第一二、人びとの必要に応じた、また、必要を満たし尊ぶ経済と政治の活動を構築する。第一三、地球環境と調和する、そして、持続的な発展が可能な経済と政治の活動を構築する。第一四、人間同士が豊かな関係を築く社会を形成する。第一五、歴史や社会、そして、政治経済を特定の一つの視点からのみ解釈したり何かの特定の原則に還元したりする理論と認識の在り方に反対する。この一五項目で構想された綱領は、理論的な限界はあるが、たとえば、この綱領は「最大限綱領」および「最小限綱領」と「行動綱領」が未分化のまま並置されたままになっているが、共産主義運動を担う《新しい型の党》綱領への試みとして位置付けることができる。

【参考文献】

＊参考文献の挙示は言及文献のみに限定した。文献表示はアルファベット順。ただし、参考文献の挙示は本文ないし註の叙述で行う場合もある。日本語訳は参考文献で示された訳語とかならずしも同じではない。

Deleuse,Gilles & Guattari,Félix 1980　MILLE PLATEAUX:Capitalisme et schizophrénie, Paris:Les Éditions de Minut.=1994　宇野邦一・小沢秋広・田中敏彦・豊崎光一・宮林寛・守中高明訳『千のプラトー』、（『資本主義と分裂症』第二巻）河出書房新社。

Fisher, William F and Ponniah, Thomas（ed）2003　"Another World is possible: popular Alternative to Globalization at the World Social Forum", Foreword Michael Hart and Antonio Negri, New York:Zed Books.=2003　加藤哲郎（監修）、大屋定晴・山口響・白井聡・木下ちがや（監訳）『もうひとつの世界は可能だ――世界社会フォーラムとグローバル化への民衆のオルタナティブ』日本経済評論社。

Foucault, Michel 1966　Les mots et les choses:Une archéologie des sciences humaines,Paris:Éditions Gallimard. = 1974　渡辺一民・佐々木明訳『言葉と物――人文科学の考古学』新潮社。

――1969　L'archéologie du savoir, Paris:Éditions Gallimard =1970　中村雄二郎訳『知の考古学』河出書房新社。

――1971a　L'ordre du discours, Paris:Éditions Gallimard.=1972 中村雄二郎訳　『言語表現の秩序』（直訳『言説の秩序』）河出書房新社。

グラムシ、アントニオ　1978　石堂清倫訳『グラムシ獄中ノート』（『問題別グラムシ選集』現代の理論社、四巻中の「第二巻、ヘゲモニーと党」にいくつかの覚書を追加、改訳）三一書房。

Hart,Michael and Negri,Antonio 2000 EMPIRE,Harvard University Press=2003　水嶋一憲・酒井隆史・浜邦彦・吉田俊実訳『〈帝国〉―グローバル化の世界秩序とマルチチュードの可能性』以文社

McLellan, David　1979　Marxism after Marx :An Introduction, London :Macmillan=1985　重田晃一・松岡保・若森

章孝・小池渺訳『After Marx』（直訳は『マルクス以降のマルクス主義序』）新評論。

Marx, Karl and Engels, Friedrich 1848 Manifest der Kommunistischen Partei=1993 金塚貞文訳『共産主義者宣言』（解説柄谷行人「刊行に寄せて」）大田出版。

吉本隆明 2003a『ハイ・イメージ論Ⅰ』ちくま学芸文庫、筑摩書房。

――2003b『ハイ・イメージ論Ⅱ』ちくま学芸文庫、筑摩書房。

――2003c『ハイ・イメージ論Ⅲ』ちくま学芸文庫、筑摩書房。

執筆者紹介

いいだ　もも

１９２６年東京生まれ。４９年東京大学法学部卒業。作家・批評家。主な著書に『２０世紀の社会主義とは何であったか』『自民党大熔解の次は何か？』他

生田あい（いくた　あい）

大阪生まれ。１９６７年に立命館大学に入学し７０年闘争に参加。現在、共産主義協議会『協同・未来』事務局長。主な著書に『誤謬一党と国家一体化の神話』他

木畑壽信（きばた　としのぶ）

１９５１年福岡県生まれ。１９９５年専修大学大学院社会学専攻修士課程修了。２０００年東工大大学院社会理工学研究科価値システム専攻博士課程単位取得退学。理論社会学・社会思想・現代思想専攻。

主な論文に「権力論の中心問題」「エクリチュールの言語空間」（別冊情況「現代社会学の最前線」）など

来栖宗孝（くるす　むねたか）

１９２０年生まれ。元東海大学文明研究所教授。

『刑事政策の諸問題』などの刑事政策関係著作（共著を含む）論文多数。日本左翼運動史などの論文、紹介多数

小西　誠（こにし　まこと）

１９４９年宮崎県生まれ。航空生徒隊（少年自衛官）卒業。６９年に治安出動などに反対し逮捕・起訴されるが８１年無罪確定。軍事・社会批評家。主な著書に『マルクス主義軍事論』（１・２巻）『新左翼運動その再生への道』他

吉留昭弘（よしとめ　あきひろ）

１９３７年鹿児島生まれ。著書に『ソ連崩壊とマルクス主義』『検証　内ゲバ』（ＰＡＲＴ２）他

検証　党組織論

2004年３月５日　第1刷発行

定　価　（本体2000円＋税）
著　者　生田あい・小西誠他
発行人　小西　誠
装　丁　佐藤　俊男
発　行　株式会社　社会批評社
　　　　東京都中野区大和町1-12-10小西ビル
　　　　　電話／03-3310-0681
　　　　　FAX ／03-3310-6561
　　　　　振替／00160-0-161276
ＵＲＬ　http://www.alpha-net.ne.jp/users2/shakai
　　　　　/top/shakai.htm
Email　shakai@mail3.alpha-net.ne.jp
印　刷　モリモト印刷株式会社
製　本　根本製本